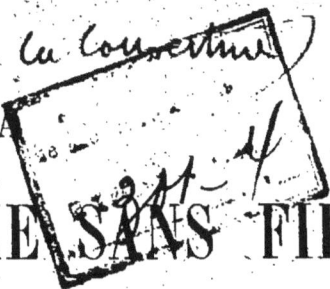

LA
TÉLÉGRAPHIE SANS FIL

ET LES

ONDES ÉLECTRIQUES

PAR

J. BOULANGER
LIEUTENANT-COLONEL DU GÉNIE

G. FERRIÉ
CAPITAINE DU GÉNIE

CINQUIÈME ÉDITION, AUGMENTÉE ET MISE A JOUR

AVEC 111 FIGURES DANS LE TEXTE

BERGER-LEVRAULT ET Cie, ÉDITEURS

PARIS
5, rue des Beaux-Arts

NANCY
18, rue des Glacis

1904

Prix : 4 fr.

LA

TÉLÉGRAPHIE SANS FIL

ET LES

ONDES ÉLECTRIQUES

LA
TÉLÉGRAPHIE SANS FIL

ET LES
ONDES ÉLECTRIQUES

PAR

J. BOULANGER | **G. FERRIÉ**
LIEUTENANT-COLONEL DU GÉNIE | CAPITAINE DU GÉNIE

CINQUIÈME ÉDITION, AUGMENTÉE ET MISE A JOUR

AVEC 111 FIGURES DANS LE TEXTE

BERGER-LEVRAULT ET Cie, ÉDITEURS

PARIS | NANCY
5, rue des Beaux-Arts | 18, rue des Glacis

1904

LA

TÉLÉGRAPHIE SANS FIL

ET LES

ONDES ÉLECTRIQUES

CHAPITRE Iᵉʳ

THÉORIE DE MAXWELL

Lorsqu'on se reporte à l'histoire des grandes découvertes scientifiques, on reconnaît que, bien souvent, elles sont dues au hasard. Cela est vrai surtout pour les plus anciennes et cela explique en même temps leur rareté. Car, outre le concours fortuit des circonstances nécessaires à la production d'un phénomène déterminé, il fallait encore la présence d'un observateur de génie pour remarquer ce phénomène et en déduire des conséquences. C'est par hasard qu'un préparateur prit un jour un fil de cuivre pour suspendre des pattes de grenouille à un balcon de fer; c'est aussi par hasard que le vent vint fermer le circuit et produire les contractions ; mais ces hasards, qui ont eu comme conséquence la découverte de la pile électrique, eussent été inutiles sans la présence de Galvani.

Aujourd'hui, il n'en est pas toujours ainsi ; au lieu de

commencer par la découverte du fait brutal, pour chercher ensuite à établir une théorie qui l'explique, la science procède quelquefois d'une façon inverse et, d'une théorie paraissant n'avoir tout d'abord qu'un intérêt purement spéculatif, fait surgir tout à coup un phénomène nouveau susceptible d'applications importantes.

C'est ainsi que les formules établies par Fresnel sur la polarisation de la lumière ont conduit à la découverte du champ tournant de Ferraris, dont l'application aux moteurs électriques se répand tous les jours.

La télégraphie sans fil en est un nouvel exemple, car son origine se trouve dans les idées purement théoriques émises sur la nature des phénomènes électriques et magnétiques par Clerk Maxwell.

Il ne s'agit ici que du système de télégraphie basé sur l'emploi des ondes électriques ou ondes *hertziennes,* auquel on réserve plus particulièrement le nom de télégraphie sans fil, bien que d'autres systèmes permettent également l'échange de signaux télégraphiques entre deux stations, sans que celles-ci soient reliées par un conducteur métallique. Tels sont, par exemple, les systèmes basés sur l'emploi des signaux optiques, comme l'ancien télégraphe aérien de Chappe et la télégraphie optique actuelle, ou bien ceux qui utilisent soit la conductibilité du sol, soit les phénomènes d'induction à distance.

La télégraphie sans fil, définie comme nous venons de le dire, ayant son point de départ dans la théorie de Maxwell, nous avons dû commencer par résumer les principaux points de cette théorie; nous montrerons ensuite comment les expériences successives, faites en vue de la vérifier, ont conduit à la télégraphie sans fil.

Le physicien anglais Clerk Maxwell, né en 1831, mort en 1879, était un élève de Faraday. Comme lui, il rejetait l'idée des actions à distance, qui est en effet une de celles que l'esprit se refuse à admettre; autant il est facile de concevoir des actions se propageant de proche en proche dans un milieu par des déformations successives de ce milieu, autant il est difficile d'admettre que deux corps puissent agir à distance l'un sur l'autre sans l'intervention du milieu interposé. La loi newtonienne n'implique pas d'ailleurs la réalité d'actions à distance et Newton lui-même disait :

« Que la gravité soit innée, inhérente et essentielle à la matière, de sorte qu'un corps puisse agir sur un autre corps à distance, à travers le vide et sans aucun autre intermédiaire, c'est pour moi une si grande absurdité qu'il me semble impossible qu'un homme capable de traiter des matières philosophiques puisse jamais y tomber [1]. »

Maxwell ne voyait donc dans les phénomènes électriques et magnétiques que des déformations du milieu interposé. Un nouveau fait expérimental vint confirmer ces idées d'une manière inattendue et fut ainsi le point de départ d'une théorie englobant à la fois l'électricité, le magnétisme et la lumière.

Ce fait fut la valeur que donnait l'expérience pour le rapport des unités électromagnétiques et électrostatiques. Nous rappellerons d'abord en quoi consiste ce rapport.

On sait que toutes les grandeurs électriques ou magnétiques peuvent être rattachées aux grandeurs mécaniques, de telle sorte qu'on peut les mesurer sans qu'il soit nécessaire d'avoir recours à d'autres unités arbitraires que les trois unités fondamentales de la mécanique, longueur, masse et temps. C'est le principe du système C G S (centimètre, masse du gramme, seconde).

Toutefois, ce rattachement peut se faire de plusieurs manières, qui donnent lieu à autant de systèmes d'unités différents.

Considérons les trois grandeurs suivantes : une quantité d'électricité Q, un pôle magnétique ayant une quantité de

---

1. Lettre de Newton à Bentley, du 25 février 1691.

magnétisme q et un courant d'intensité i, que nous supposerons d'abord évaluées au moyen d'unités arbitraires. On
a entre les nombres Q, q et i les relations ci-après.

La masse Q étant placée à une distance r d'une masse
identique, il s'exerce entre ces masses une action f qui,
d'après la loi de Coulomb, est :

$$f = \text{K}\frac{\text{Q}^2}{r^2}. \tag{1}$$

De même, la loi de Coulomb relative aux actions magnétiques nous donne :

$$f' = \text{K}'\frac{q^2}{r^2}. \tag{2}$$

Quant à l'intensité du courant i, on sait qu'elle représente la quantité d'électricité qui traverse une section du
conducteur pendant l'unité de temps. Si t est le temps
nécessaire au passage de la quantité Q, on a :

$$\text{Q} = it. \tag{3}$$

Enfin, une dernière relation est fournie par la loi de
Laplace. Plaçons le pôle magnétique q au centre d'un
conducteur circulaire de rayon r, parcouru par le courant i, l'action exercée par un arc de ce conducteur ayant
une longueur S est :

$$f'' = \text{K}''\frac{qi\text{S}}{r^2}. \tag{4}$$

Éliminant Q, q et i entre les quatre équations ci-dessus,
il vient :

$$\frac{\sqrt{ff'}}{f''}\frac{\text{S}}{i} = \frac{\sqrt{\text{KK}''}}{\text{K}''}. \tag{5}$$

On sait que les coefficients K, K', K'' dépendent de la
nature du milieu dans lequel se passent les actions. Si ce
milieu est invariable, on peut les considérer comme de

simples coefficients de proportionnalité purement numériques, dont la valeur ne dépend plus que des unités choisies pour mesurer Q, q et ι.

Toutefois, si nous posons :

$$\frac{\sqrt{\overline{KK'}}}{K''} = u, \qquad (6)$$

l'équation (5) nous montre que, pour un milieu donné, le nombre u est indépendant des unités électriques et magnétiques. Le premier membre, en effet, ne contient que des grandeurs mécaniques et en particulier ne dépend que de l'unité de vitesse. Si, au contraire, le milieu venait à changer, les actions f, f', f'' ne seraient plus les mêmes et le nombre u prendrait une autre valeur. On peut donc le considérer comme caractéristique du milieu où se passent les actions.

Supposons, pour fixer les idées, que ce milieu soit l'air ; on peut alors débarrasser les calculs de deux des coefficients en les égalant à l'unité.

Dans le système électrostatique, on convient de faire :

$$K = 1, \qquad K'' = 1.$$

L'unité de quantité d'électricité est alors déduite de la relation (1); c'est la quantité qui, placée à l'unité de distance d'une masse égale, produit sur elle une action égale à l'unité de force.

L'unité d'intensité, déduite de (3), est l'intensité d'un courant tel qu'une section du conducteur soit traversée par l'unité de quantité d'électricité pendant l'unité de temps.

Quant à l'unité de quantité de magnétisme, elle se déduit de la relation (4); c'est celle d'un pôle qui, placé au centre d'un arc de cercle de longueur égale à 1 et parcouru par un courant d'intensité égale à l'unité, subit une action égale à l'unité de force.

On voit que, dans ce système, le coefficient K' de la

relation (2) doit être maintenu. Mais, comme l'unité de quantité de magnétisme et par suite la valeur du nombre q sont déterminées, il faut lui donner une valeur K'$_{_1}$ telle que l'équation (2) soit satisfaite.

D'autre part, l'équation (6) étant également satisfaite quelles que soient les unités, si l'on fait :

$$K = 1, \qquad K' = K'_{_1}, \qquad K'' = 1,$$

il vient :

$$K'_{_1} = u^2.$$

Dans le système *électromagnétique*, on se donne :

$$K' = 1, \qquad K'' = 1,$$

c'est-à-dire que l'unité de quantité de magnétisme est déduite de la relation (2). C'est celle qui, placée à l'unité de distance d'une quantité égale, exerce sur elle une action égale à l'unité de force.

L'unité d'intensité de courant est alors déduite de (4). C'est l'intensité d'un courant qui, traversant un arc de cercle de rayon 1 et de longueur égale à 1, produit sur l'unité de masse magnétique placée au centre du cercle, une action égale à l'unité de force.

La relation (3) nous donnera pour l'unité de quantité d'électricité, la quantité qui, pendant l'unité de temps, traverse une section d'un conducteur, lorsque ce conducteur est parcouru par un courant d'intensité égale à l'unité.

Si enfin on considère l'équation (1), on voit que le nombre Q étant déterminé par la définition qui précède, cette équation n'est satisfaite qu'à la condition de donner à K une valeur déterminée K$_{_m}$.

En faisant, dans l'équation (6) :

$$K = K_{_m}, \qquad K' = 1, \qquad K'' = 1,$$

il vient :

$$K_{_m} = u^2.$$

Les deux systèmes étant ainsi définis, supposons qu'une même grandeur, une certaine quantité d'électricité, par exemple, soit mesurée successivement dans chacun d'eux. On obtiendra ainsi deux nombres Q_s et Q_m dont le rapport sera d'ailleurs l'inverse du rapport des unités correspondantes.

D'après ce qui précède, on aura :

$$f = \frac{Q_s^2}{r^2} = K_m \frac{Q_m^2}{r^2} = u^2 \frac{Q_m^2}{r^2}.$$

De même l'équation (2), appliquée successivement aux deux systèmes, donnerait :

$$f' = u^2 \frac{q_s^2}{r^2} = \frac{q_m^2}{r'^2}.$$

Pour l'équation (3) on aura :

$$Q_s = i_s t, \qquad Q_m = i_m t ;$$

et enfin, pour l'équation (4) :

$$f'' = \frac{q_s i_s S}{r^2} = \frac{q_m i_m S}{r'^2}.$$

Si, d'une manière générale, on désigne par le symbole [Q] l'unité qui sert à évaluer une grandeur Q, on déduira des équations précédentes :

$$\frac{[Q_m]}{[Q_s]} = \frac{[i_m]}{[i_s]} = \frac{[q_s]}{[q_m]} = u.$$

Des expériences nombreuses ont été faites pour la mesure de u, soit en variant les méthodes de mesures, soit en opérant sur des grandeurs différentes. Les résultats ont été sensiblement concordants et donnent en moyenne : $u = 3 \times 10^{10}$.

Si l'on remarque que les unités sont rapportées au système C G S, qui comporte le centimètre comme unité de longueur et la seconde comme unité de temps, on voit que le rapport u est égal numériquement à la vitesse de la lumière, qui est de 300 000 km par seconde.

Maxwell se demanda alors si cette coïncidence était purement fortuite, ou bien s'il fallait au contraire y voir une conséquence de la théorie. Il fut ainsi amené à rechercher si, en précisant les idées de Faraday et en les traduisant en langage mathématique, il était possible de déduire des équations, une théorie expliquant tous les phénomènes connus, y compris la valeur que l'expérience assignait au nombre u.

Considérons un condensateur formé de deux armatures planes A et B, séparées par une lame d'air (fig. 1). Le condensateur étant chargé, si l'on vient à réunir ses armatures par un conducteur *amb,* celui-ci est le siège d'un courant de faible durée et le condensateur se décharge.

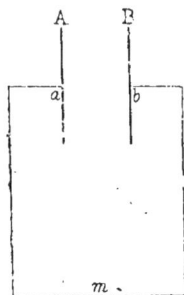
Fig. 1.

Or, de nombreuses expériences ont démontré que le phénomène de la décharge ne se réduit pas seulement à ce courant, mais que le diélectrique qui sépare les armatures du condensateur doit également y jouer un rôle. Aucune des anciennes théories n'avait défini ce rôle et précisé la nature des phénomènes qui se passent dans le diélectrique pendant la décharge.

Pour Maxwell, ces phénomènes ne sont autre chose que des courants. D'après les anciennes idées, la présence d'un corps conducteur était considérée comme indispensable à la production d'un courant. Lorsque le circuit avait, comme le fil *amb,* ses extrémités isolées l'une de l'autre, ce circuit était dit *ouvert* et le courant n'avait que la faible durée nécessaire au rétablissement de l'équilibre électrostatique dans le conducteur.

D'après les idées de Maxwell, au contraire, les courants sont toujours *fermés* et, dans le cas ci-dessus, on doit considérer le circuit comme se complétant par le diélectrique qui sépare A et B, lequel est alors le siège de courants, tout aussi bien que la portion conductrice *amb*.

Toutefois, Maxwell admet que les courants n'ont pas la même nature dans les deux cas. Cela tient à ce que, si tous les corps opposent une résistance au passage de l'électricité, cette résistance n'est pas la même suivant que l'on a affaire à un diélectrique ou à un conducteur. L'exemple suivant permet de saisir facilement cette différence [1].

Quand on bande un ressort, on rencontre une résistance croissante qui finit par faire équilibre à l'effort exercé. Lorsque la force cesse d'agir, le ressort restitue le travail dépensé pour le déformer.

Supposons maintenant que l'on déplace un corps dans l'eau, on éprouve encore une résistance qui dépend de la vitesse du déplacement, mais qui ne varie pas tant que cette vitesse reste constante. Le mouvement se prolonge tant que dure la force agissante ; mais si cette force cesse, le corps ne tend pas à revenir en arrière et tout le travail fourni a été transformé en chaleur par la viscosité de l'eau.

Il faut donc distinguer entre ce que l'on pourrait appeler la résistance *élastique* et la résistance *visqueuse*. La première caractérise les diélectriques, tandis que les conducteurs présentent la seconde.

D'où deux catégories de courants : dans les diélectriques, les particules électriques ne peuvent se déplacer que d'une petite quantité, variable suivant la nature du corps. Le mouvement de l'électricité se trouvant arrêté au bout d'un temps très court par la réaction élastique,

---

1. H. Poincaré, *Annuaire du Bureau des longitudes*, 1894 (notice A).

on ne peut avoir que des courants de faible durée, que Maxwell nomme courants de *déplacement*. En d'autres termes, les choses se passent dans le diélectrique comme si les courants de déplacement avaient pour effet de bander une foule de petits ressorts. Ces courants cessent lorsque l'équilibre électrostatique est établi. Le travail accumulé, qui est l'énergie électrostatique, est restitué quand les ressorts peuvent se débander, c'est-à-dire lorsqu'on laisse les conducteurs obéir aux actions électrostatiques. Si la limite d'élasticité est dépassée, les ressorts se brisent et l'on a le phénomène de la décharge disruptive.

Par suite, en chaque point d'un champ électrique, l'intensité H de ce champ n'est autre chose que la réaction élastique des particules d'électricité qui ont été écartées de leurs positions primitives.

Dans les conducteurs, au contraire, l'électricité peut se déplacer à travers toute la masse, sans rencontrer d'autre obstacle qu'une résistance analogue au frottement. On a alors un courant dit de *conduction*, qui dure aussi longtemps que la force électromotrice qui lui donne naissance. Le travail fourni n'est pas, comme dans le cas précédent, emmagasiné sous forme d'énergie potentielle et il se retrouve dans le conducteur, sous forme de chaleur.

D'après ce qui précède, on doit, avec Maxwell, admettre l'unité de force électrique ; c'est-à-dire que la cause qui, dans un diélectrique, donne naissance à des courants de déplacement, est la même qui, sous le nom de force électromotrice, produit des courants de conduction, lorsqu'elle agit dans un corps conducteur.

Enfin, bien que la nature des deux sortes de courants ne soit pas la même, Maxwell admet encore que leurs propriétés sont identiques et qu'un courant de déplacement doit produire un champ magnétique identique au champ magnétique produit par un courant de conduction, lequel est lui-même identique au champ magnétique produit par un aimant.

Il en résulte que le champ électrique et le champ magnétique sont inséparables. Leur superposition constitue ce que Maxwell nomme le champ *électromagnétique*.

Une perturbation électrique ou magnétique se traduira donc toujours par un courant. Dans un milieu diélectrique indéfini, ce courant produira, par induction dans son voisinage, des courants de déplacement qui agiront à leur tour sur les éléments voisins, de sorte que la perturbation se propagera de proche en proche avec une vitesse finie, sous la forme d'une onde analogue aux ondes du son et de la lumière.

Nous allons voir comment la traduction mathématique

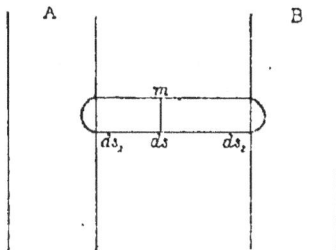

Fig. 2.

des hypothèses de Maxwell permet de calculer cette vitesse. Lorsque la perturbation atteint un point de l'espace, que nous supposerons d'abord dans un diélectrique, elle y produit un champ électrique ; soit H l'intensité de ce champ au point considéré et XYZ ses composantes suivant trois axes rectangulaires. Considérons un tube de force passant en m (fig. 2) et soit ds sa section en ce point. On sait que ce tube de force doit forcément être limité par deux corps conducteurs tels que A et B, sur lesquels il découpe des éléments ds_1 ds_2 appelés éléments correspondants. De plus, les charges sur ds_1 et ds_2 sont égales en valeur absolue : soit Q cette valeur ; on admettra que les déplacements des couches électriques se sont effectués dans le sens des lignes de force, chaque section du tube ayant été traversée par une même quantité d'électricité Q. Maxwell définit alors le déplacement au point m par cette quantité $\frac{Q}{ds}$, rapportée à l'unité de surface.

D'autre part, le flux de force qui traverse l'élément ds, étant $H\,ds$, on a la relation :

$$H\,ds = 4\pi KQ;$$

ce qui donne pour le déplacement :

$$\frac{Q}{ds} = \frac{H}{4\pi K};$$

K est alors le coefficient de Coulomb, relatif aux actions électriques dans le milieu considéré.

Si nous désignons par fgh les composantes du déplacement, nous aurons :

$$f = \frac{1}{4\pi K}X, \qquad g = \frac{1}{4\pi K}Y, \qquad h = \frac{1}{4\pi K}Z.$$

Pendant son déplacement, la quantité d'électricité Q a produit un courant dont la densité, ou l'intensité par unité de surface, est représentée par la quantité qui traverse l'unité de surface pendant l'unité de temps, c'est-à-dire par $\frac{1}{4\pi K}\frac{dH}{dt}$.

Si nous désignons par abc les composantes de cette densité du courant de déplacement, nous aurons :

$$a = \frac{1}{4\pi K}\frac{dX}{dt}, \qquad b = \frac{1}{4\pi K}\frac{dY}{dt}, \qquad c = \frac{1}{4\pi K}\frac{dZ}{dt}. \quad (7)$$

Supposons maintenant qu'au lieu d'un diélectrique caractérisé par le coefficient K, nous ayons en m un milieu de conductibilité C, le courant de déplacement sera remplacé par un courant de conduction obéissant à la loi de Ohm. Soient α, β, γ les composantes de ce courant rapporté à l'unité de surface et considérons l'élément de volume $dx\,dy\,dz$, placé en m (fig. 3).

Le courant qui traverse cet élément suivant mx est égal au produit de la composante α par la surface $mbec$, soit à $\alpha dy dz$. D'autre part, d'après Maxwell, la force électromotrice qui produit ce courant est Xdx; de plus,

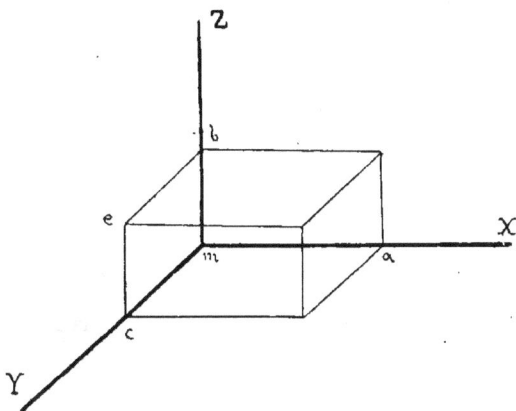

Fig. 3.

la résistance électrique du prisme ayant pour longueur ma et pour section $mbec$ est $\dfrac{dx}{C\,dy\,dz}$. La loi de Ohm donnera donc :

$$X\,dx = \frac{dx}{C\,dy\,dz}\,\alpha\,dy\,dz$$

ou

$$\alpha = CX.$$

On a donc pour les trois composantes du courant de conduction :

$$\alpha = CX, \qquad \beta = CY, \qquad \gamma = CZ. \qquad (8)$$

Si enfin le milieu occupé par l'élément de volume est un isolant imparfait, on aura à la fois courant de déplacement et courant de conduction, c'est-à-dire un courant dont on pourra représenter les composantes par $a + \alpha$, $b + \beta$, $c + \gamma$.

D'après ce que nous avons dit ci-dessus, les courants produits en m donnent à leur tour naissance à un champ magnétique d'intensité H'. Soient LMN les composantes de H' suivant les trois axes et considérons le circuit rectangulaire *mbec*. L'établissement du champ va donner lieu, dans ce circuit, à une force électromotrice que l'on peut considérer comme résultant soit du champ électrique XYZ, soit du champ magnétique LMN.

Dans le premier cas, la force électrique suivant *mb* est $Z \, dz$. Celle suivant *ec,* qui est dirigée en sens inverse de la précédente, a pour valeur $- \left(Z + \dfrac{dZ}{dy} \; dy\right) \, dz$. De même on aura suivant *cm,* $- Y \, dy$ et suivant *be,* $\left(Y + \dfrac{dY}{dz} \; dz\right) dy$, ce qui donne pour la force totale dans le circuit considéré :

$$Z \, dz - \left(Z + \frac{dZ}{dy} dy\right) dz - Y \, dy + \left(Y + \frac{dY}{dz} dz\right) dy$$
$$= \left(\frac{dY}{dz} - \frac{dZ}{dy}\right) dy \, dz.$$

Considérons maintenant cette force électromotrice comme une conséquence de l'établissement du champ magnétique H'. Le flux de force qui traverse le circuit *mbec* est $L \, dy \, dz$. La force électromotrice dans ce circuit est donc $- \dfrac{K''}{K'} \dfrac{dL}{dt} \, dy \, dz$ [1] et l'on aura, en appliquant le

---

1. K' est le coefficient de la formule de Coulomb relative aux actions magnétiques et K'' le coefficient de la formule de Laplace relative aux actions électromagnétiques.

même raisonnement aux trois composantes LMN :

$$\frac{K''}{K'}\frac{dL}{dt} = \frac{dZ}{dy} - \frac{dY}{d\varepsilon}$$

$$\frac{K''}{K'}\frac{dM}{dt} = \frac{dX}{d\varepsilon} - \frac{dZ}{dx} \qquad (9)$$

$$\frac{K''}{K'}\frac{dN}{dt} = \frac{dY}{dx} - \frac{dX}{dy}.$$

On peut obtenir une autre série de relations entre les composantes du champ magnétique et celles du champ électrique. Pour cela nous évaluerons le travail effectué par un pôle magnétique égal à l'unité qui décrirait le circuit *mbec*. On sait que ce travail est égal au produit de $4\pi K''$ par l'intensité du courant dans le prisme $dx\,dy\,d\varepsilon$, parallèlement à la direction *mx*, soit dans le cas le plus général, à $4\pi K'' (a + \alpha)\,dy\,d\varepsilon$.

D'autre part, le même travail peut être évalué directement, en calculant le travail produit dans chacun des côtés du rectangle, par les composantes LMN du champ magnétique.

Pour le côté *mb*, le travail dû aux composantes L et M est nul et il ne reste que le travail dû à la composante N qui est $N\,d\varepsilon$.

Pour le côté *be*, le travail des composantes parallèles à *mx* et *mε* est nul; la composante suivant *be* étant égale à $M + \frac{dM}{d\varepsilon}d\varepsilon$, le travail correspondant est $\left(M + \frac{dM}{d\varepsilon}d\varepsilon\right)dy$.

On trouvera de même pour le travail suivant *ec* : $\left(N + \frac{dN}{dy}dy\right)d\varepsilon$ et pour le travail suivant *cm* : $M\,dy$.

Comme d'ailleurs les côtés *ec* et *cm* sont parcourus en sens inverses des côtés *mb* et *be*, on aura pour le travail total :

$$N\,d\varepsilon + \left(M + \frac{dM}{d\varepsilon}d\varepsilon\right)dy - \left(N + \frac{dN}{dy}dy\right)d\varepsilon - M\,dy$$
$$= \left(\frac{dM}{d\varepsilon} - \frac{dN}{dy}\right)dy\,d\varepsilon = 4\pi K''(a + \alpha)\,dy\,d\varepsilon.$$

Remplaçant a et α par leurs valeurs données par les relations (7) et (8), on obtiendra pour les trois directions :

$$\frac{dM}{dz} - \frac{dN}{dy} = \frac{K''}{K} \frac{dX}{dt} + 4\pi K'' CX$$

$$\frac{dN}{dx} - \frac{dL}{dz} = \frac{K''}{K} \frac{dY}{dt} + 4\pi K'' CY \qquad (10)$$

$$\frac{dL}{dy} - \frac{dM}{dx} = \frac{K''}{K} \frac{dZ}{dt} + 4\pi K'' CZ.$$

Supposons maintenant que l'onde étudiée soit assez éloignée de son point de départ pour qu'on puisse la considérer comme plane. Prenons le plan de l'onde pour plan des yz, la propagation se faisant alors suivant l'axe des x. Toutes les fonctions ne dépendent plus que des variables x et t, les autres dérivées sont nulles et les équations (9) deviennent :

$$\frac{K''}{K'} \frac{dL}{dt} = 0$$

$$\frac{K''}{K'} \frac{dM}{dt} = -\frac{dZ}{dx}$$

$$\frac{K''}{K'} \frac{dN}{dt} = \frac{dY}{dx}.$$

Nous admettrons qu'il s'agit d'un diélectrique suffisamment isolant pour que l'on puisse négliger sa conductibilité. On fera donc $C = 0$, ce qui donnera pour les équations (10) :

$$\frac{K''}{K} \frac{dX}{dt} = 0$$

$$\frac{K''}{K} \frac{dY}{dt} = \frac{dN}{dx}$$

$$\frac{K''}{K} \frac{dZ}{dt} = -\frac{dM}{dx}.$$

De ces relations et de celles qui précèdent, nous déduisons :

$$L = 0, \qquad X = 0,$$

ce qui montre que les forces magnétique et électrique

sont dans le plan de l'onde. Mais si nous prenons comme axe des y la direction de la force magnétique, nous aurons en outre :

$$N = 0,$$

ce qui conduit à :

$$Y = 0.$$

Les deux forces sont alors représentées respectivement par les composantes M et Z ; elles sont à angle droit et transversales, c'est-à-dire dans un plan normal à la direction de propagation.

Les deux systèmes (9) et (10) se réduisent alors à :

$$\frac{K''}{K'}\frac{dM}{dt} = -\frac{dZ}{dx} \qquad (11)$$

$$\frac{K''}{K}\frac{dZ}{dt} = -\frac{dM}{dx}. \qquad (12)$$

Considérons maintenant l'onde qui se trouve en x et qui à l'instant t est définie par les fonctions M et Z. Au bout du temps δt, ces fonctions sont devenues respectivement M $+ \frac{dM}{dt}\delta t$, Z $+ \frac{dZ}{dt}\delta t$, qui définissent l'onde au point x à l'instant $t + \delta t$.

Or, cette dernière peut être considérée comme étant l'onde qui à l'instant t se trouvait au point $x - \delta x$ et qui, pendant le temps δt, a parcouru l'espace δx avec une vitesse égale à $\frac{\delta x}{\delta t}$.

L'onde au point x à l'instant $t + \delta t$ est alors définie par les fonctions M $- \frac{dM}{dx}\delta x$ et Z $- \frac{dZ}{dx}\delta x$. Dans ce cas, M et Z sont considérées comme des fonctions de x, tandis que, dans le cas précédent, on les considérait comme des fonctions de t. On aura donc :

$$\frac{dM}{dt}\delta t = -\frac{dM}{dx}\delta x \qquad (13)$$

$$\frac{dZ}{dt}\delta t = -\frac{dZ}{dx}\delta x. \qquad (14)$$

D'autre part, les relations (11) et (12) peuvent s'écrire :

$$\frac{d\mathrm{M}}{dt}\,\eth t = -\,\frac{\mathrm{K}'}{\mathrm{K}''}\frac{d\mathrm{Z}}{dx}\,\eth t$$

$$\frac{d\mathrm{M}}{dx}\,\eth x = -\,\frac{\mathrm{K}}{\mathrm{K}''}\frac{d\mathrm{Z}}{dt}\,\eth x,$$

d'où, en tenant compte de (13) et (14),

$$\left(\frac{\eth x}{\eth t}\right)^{2} = \frac{\mathrm{KK}'}{\mathrm{K}''^{2}} = u^{2}.$$

La vitesse de propagation suivant mx est donc constante et égale à u; sa valeur ne dépend que des propriétés électriques et magnétiques du milieu.

Considérons maintenant un fil rectiligne parcouru par un courant alternatif, celui-ci va donner lieu à une série d'ondes se propageant à travers le diélectrique avec une vitesse constante et égale au rapport u des unités électromagnétiques et électrostatiques.

D'autre part, la mesure directe de u donne pour ce nombre une valeur égale à celle de la lumière dans le même milieu.

Une vibration électromagnétique se propageant dans un milieu donné avec la même vitesse qu'une vibration lumineuse, Maxwell en a conclu qu'il y avait, non pas seulement *analogie,* mais *identité* entre les deux phénomènes, et qu'une vibration lumineuse n'est autre chose qu'un courant de déplacement alternatif. Il assigne ainsi la même origine aux phénomènes électriques et lumineux, de sorte que, quand nous mettons en mouvement une machine à courants alternatifs ou lorsque nous allumons une lampe, nous provoquons dans le milieu environnant des phénomènes de même nature.

La seule différence est dans la fréquence, c'est-à-dire le nombre des vibrations produites pendant une seconde. Si l'on prend, par exemple, la partie moyenne du spectre visible, la lumière jaune correspond à un nombre de vibrations par seconde $n = 6 \times 10^{14}$, soit 600 millions de vibrations en un millionième de seconde, tandis que les courants alternatifs industriels ne dépassent guère 100 périodes par seconde.

Malgré cette différence, la vitesse de propagation reste la même, car elle ne dépend que des propriétés du milieu, et l'on a toujours :

$$u = \frac{\lambda}{T},$$

λ étant la longueur d'onde et $T = \frac{1}{n}$ la durée d'une vibration.

La lenteur relative des vibrations électromagnétiques ne les empêche donc pas de se propager avec la vitesse de la lumière, mais elle les empêche de produire sur l'organe de la vue les mêmes sensations que les vibrations lumineuses. On sait, en effet, que, dans la partie visible du spectre, la fréquence augmente du rouge au violet. Pour des fréquences plus faibles que celles de la lumière rouge ou plus grandes que celles de la lumière violette, la sensation lumineuse disparaît. Comme la fréquence des radiations rouges est encore de beaucoup supérieure à celle des vibrations électromagnétiques les plus rapides que nous sachions produire, il n'est pas surprenant que ces dernières soient sans action sur notre œil, tout en ayant la même nature que la lumière.

Malgré les progrès de la science, l'homme ne dispose encore que de moyens barbares pour produire la lumière, car il ne connaît pas pour le moment d'autre procédé que de prendre la chaleur comme intermédiaire. Pour communiquer à l'éther un mouvement vibratoire capable de produire ce que nous appelons les phénomènes lumineux, nous commençons par donner ce mouvement aux particules matérielles d'un corps solide ou gazeux en le portant à une température suffisamment élevée, et c'est ce corps qui, à son tour, provoque le mouvement des particules éthérées. Nous n'utilisons donc sous forme de lumière qu'une partie infime de l'énergie que nous avons dû dépenser pour produire d'abord de la chaleur. On voit par là quelle économie on réalisera, le jour où l'on saura produire directement des courants alternatifs ayant la fréquence des radiations lumineuses.

Avant d'aborder l'exposé des vérifications expérimentales de l'hypothèse de Maxwell, nous dirons quelques mots de la manière dont celui-ci concevait le mécanisme intime des phénomènes.

Prenons d'abord les phénomènes magnétiques ; Maxwell admet que tout milieu susceptible de transmettre la force magnétique est constitué par la réunion de corpuscules ou cellules sphériques susceptibles de tourner. Sous l'influence de l'action magnétique, ces cellules prennent, autour des lignes de forces comme axes, un mouvement de rotation dont le sens et la vitesse déterminent le sens et l'intensité de l'action.

Maxwell se représente donc un champ magnétique comme rempli de tourbillons moléculaires tournant tous dans le même sens et autour d'axes qui sont parallèles, lorsque le champ est uniforme. Par suite du mouvement de rotation, ces tourbillons tendent à se contracter suivant l'axe et à se dilater suivant l'équateur. Les lignes de force tendent donc à se raccourcir en se repoussant latéralement : on retombe ainsi sur l'hypothèse par laquelle Faraday expliquait les actions magnétiques.

Mais cela ne suffit pas à rendre compte de la transmission de la force magnétique dans le champ, au moment où celui-ci est créé. On conçoit bien, en effet, qu'un corps animé d'un mouvement de rotation puisse entraîner un corps semblable placé à côté de lui ; mais les deux corps tourneront alors en sens inverse, tandis que, suivant l'hypothèse de Maxwell, tous les tourbillons tournent dans le même sens.

Il introduisit alors une nouvelle supposition : entre les cellules tourbillonnantes existent des particules sphériques pouvant rouler sans glisser et servant à transmettre le mouvement d'un tourbillon à un autre sans modifier le sens de la rotation.

Ces particules constitueraient l'électricité, et l'ensemble des cellules et des particules électriques ne serait autre chose que l'éther. Ainsi, pour Maxwell, l'électricité imprégnerait la masse de l'éther comme l'eau imprègne une éponge, et l'éther, constitué comme on vient de le dire, imprégnerait à son tour les molécules matérielles, dont les dimensions seraient d'ailleurs considérables par rapport à celles des particules éthérées.

Le milieu hypothétique de Maxwell explique également les actions électriques. Il suffit pour cela d'admettre que, dans les diélectriques, les particules électriques ne peuvent subir que de faibles déplacements et sont arrêtées par les réactions élastiques qui correspondent à la force électrique en chaque point du champ.

Si, au contraire, on admet, comme nous l'avons dit plus haut, que dans les conducteurs les déplacements électriques n'éprouvent plus de résistance élastique, on aura l'explication des courants de conduction et en même temps des actions électromagnétiques et des phénomènes d'induction.

Prenons un conducteur cylindrique parcouru par un courant constant et considérons sa surface de séparation avec le diélectrique environnant. L'électricité qui se déplace dans le conducteur tend à entraîner celle du diélectrique, mais comme celle-ci ne peut abandonner les cellules, on voit que le courant aura pour effet de faire tourner chaque cellule autour d'un axe perpendiculaire au plan qui contient la cellule et le fil. Toutes les cellules situées sur un même cercle concentrique au fil se mettent donc à tourner et le mouvement se transmet de proche en proche, en donnant une série d'anneaux rou-

lant à la façon d'un tore en caoutchouc qui se déplace le
long d'un bâton. Les axes des cellules représentant les
lignes de force du champ magnétique, on voit que le
courant doit produire un champ magnétique dont les
lignes de force sont des cercles ayant leurs centres sur
l'axe du fil.

On voit aussi que, par suite de l'élasticité, les particules électriques se déplaceront un peu avant de transmettre le mouvement, de sorte qu'en même temps que le
champ magnétique, le courant produira des courants de
déplacement, c'est-à-dire un champ électrostatique, ce
qui est encore conforme à l'expérience.

Ces deux champs sont inséparables et toute variation
de l'un se traduit par une variation de l'autre. Leurs intensités en un même point sont perpendiculaires l'une à
l'autre ; car, d'après ce qui précède, l'intensité du champ
électrique est parallèle au fil conducteur, tandis que l'intensité du champ magnétique est normale au plan formé
par ces deux parallèles.

Nous venons de voir comment s'explique la production
d'un champ magnétique par un courant. On peut également expliquer la production d'un courant au moyen
d'un champ magnétique, c'est-à-dire les phénomènes
d'induction.

Le champ magnétique étant établi, si l'on y introduit
un conducteur à l'état neutre, les cellules du diélectrique
en contact avec sa surface extérieure entraînent l'électricité du conducteur. Il se produit donc un courant qui est
d'abord superficiel et pénètre ensuite jusqu'à l'axe du
conducteur. Ce courant est d'ailleurs temporaire, car le
diélectrique ne fait que communiquer à l'électricité du
conducteur une certaine vitesse qui est détruite peu à
peu par la résistance de ce conducteur. On voit en
somme que tout déplacement relatif du conducteur et du
champ magnétique doit donner naissance à un courant :
c'est le phénomène de l'induction.

Ces vérifications peuvent être étendues à tous les phénomènes électriques ou magnétiques. En faut-il conclure pour cela que les hypothèses de Maxwell sur la constitution de l'éther correspondent à la réalité ? Ce serait évidemment téméraire, car elles n'ont reçu aucune confirmation directe et rien ne prouve que des hypothèses tout à fait différentes ne rendraient pas aussi bien compte des phénomènes.

On ne peut d'ailleurs méconnaître le caractère artificiel de ces hypothèses, que M. Poincaré qualifie même de *saugrenues*[1], et si nous les avons indiquées, c'est plutôt à titre de curiosité. Nous n'aurons pas du reste à en faire usage dans les chapitres qui suivent et nous retiendrons seulement celles qui ont servi à établir les formules générales.

---

1. H. POINCARÉ, *Les Oscillations électriques*. Collection *Scientia*.

CHAPITRE II

VÉRIFICATIONS EXPÉRIMENTALES

Parmi toutes les hypothèses faites par Maxwell pour expliquer les phénomènes électriques et magnétiques, il faut faire une place à part à la théorie électromagnétique de la lumière. Car, dans ce cas, les hypothèses dont nous avons plus haut indiqué l'origine ont reçu directement de l'expérience des confirmations inattendues, dont nous allons nous occuper maintenant.

Reportons nous à la formule (6); si K, K', K″ sont les coefficients des formules de Coulomb et de Laplace relatifs au vide, le nombre

$$u = \frac{\sqrt{KK'}}{K''}$$

représente la vitesse de la lumière dans le vide. Par conséquent, dans un milieu où les coefficients ont des valeurs K_1, K_1', K_1'', la vitesse de la lumière sera :

$$u_1 = \frac{\sqrt{K_1 K_1'}}{K_1''}.$$

On en déduit :

$$\frac{u}{u_1} = \sqrt{\frac{K}{K_1}} \sqrt{\frac{K'}{K_1'}} \cdot \frac{K_1''}{K''}.$$

Or, le rapport $\frac{K}{K_1} = p$ est ce que Faraday appelait le *pouvoir inducteur spécifique* du milieu par rapport au vide. Quant au rapport $\frac{K_1'}{K'} = \mu$, c'est ce que sir W. Thomson a nommé la *perméabilité magnétique* de ce milieu, celle du vide étant prise comme terme de comparaison.

D'autre part, si l'on admet avec Maxwell que le champ magnétique dû à un courant a les mêmes propriétés que le champ produit par des aimants, le rapport $\dfrac{K_1''}{K''}$ est égal à μ..

Il en résulte :

$$\frac{u}{u_1} = \sqrt{p\,\mu}.$$

Le rapport $\dfrac{u}{u_1}$ des vitesses de la lumière dans le vide et dans le milieu considéré n'est autre chose que l'indice de réfraction n de ce milieu par rapport au vide ; de plus, pour tous les diélectriques, le vide compris, la perméabilité a sensiblement la même valeur ; il en résulte que *pour ces milieux* on pourra prendre $\mu = 1$, d'où :

$$p = n^2.$$

C'est-à-dire que, pour les diélectriques, le pouvoir inducteur spécifique doit être égal au carré de l'indice de réfraction. C'est ce que l'on vérifie sur un grand nombre de diélectriques solides et liquides.

Pour quelques substances toutefois, l'accord semblait moins satisfaisant. Bien que la théorie ou même les difficultés d'expériences permettent d'expliquer ces écarts, ceux-ci n'en laissent pas moins subsister un certain doute. C'est au savant allemand Henri·Hertz (mort en 1894, âgé de 36 ans) que l'on doit des expériences confirmant d'une manière beaucoup plus précise l'hypothèse hardie de Maxwell.

Le meilleur moyen de prouver l'identité des radiations électromagnétiques et des radiations lumineuses, c'est évidemment de montrer que l'on peut reproduire, avec les premières, tous les phénomènes que l'on obtient avec les secondes. Mais pour cela il était nécessaire d'avoir recours à un procédé opératoire différant de tous ceux qu'on avait employés jusque-là. On ne pouvait songer à utiliser les courants alternatifs ordinaires, car pour 100 périodes par seconde, la longueur d'onde est $\lambda = \dfrac{300\,000}{100}$, soit 3 000 km. Un laboratoire, si grand qu'on le suppose, ne pourrait donc contenir qu'une faible fraction d'onde.

Il fallait alors chercher à réaliser des longueurs d'ondes qui fussent, sinon aussi courtes que les ondes lumineuses, du moins compatibles avec les dimensions que l'on pouvait donner aux appareils.

Pour y arriver, Hertz eut l'idée d'appliquer une propriété découverte en 1847 par Helmholtz qui, en étudiant la décharge des condensateurs, avait reconnu que, dans certains cas, celle-ci s'effectue par une série de décharges alternatives, de même qu'un pendule écarté de la verticale et abandonné à lui-même ne revient à sa position d'équilibre qu'après avoir effectué une série d'oscillations.

Cette propriété fut vérifiée expérimentalement par Feddersen et, en 1853, sir W. Thomson en donna l'explication théorique suivante.

Soit un condensateur de capacité C dont on provoque la décharge en réunissant ses armatures par un conducteur ayant une résistance R et un coefficient de self-induction L ; nous supposerons la capacité de ce conducteur négligeable par rapport à C.

Si Q est la charge à l'instant t, le fil est parcouru à cet instant par un courant i dû à une force électromotrice $\dfrac{Q}{C}$.

On a donc, pour l'équation du courant variable :

$$\frac{Q}{C} = Ri + L\frac{di}{dt}.$$

D'autre part, pendant le temps dt, une quantité dQ s'écoule à travers le fil ; donc :

$$i = -\frac{dQ}{dt} \qquad \frac{di}{dt} = -\frac{d^2Q}{dt^2},$$

d'où

$$L\frac{d^2Q}{dt^2} + R\frac{dQ}{dt} + \frac{Q}{C} = 0. \tag{15}$$

Si l'on considère Q comme la variable, l'équation (15) est une équation linéaire à coefficients constants dont l'intégrale générale est :

$$Q = Ae^{\rho t} + A'e^{\rho' t}, \tag{16}$$

ρ et ρ' étant les racines de l'équation :

$$L\rho^2 + R\rho + \frac{1}{C} = 0. \tag{17}$$

Quant à A et A', ce sont deux constantes à déterminer d'après les conditions initiales. Pour $t = 0$, on a, en appelant Q_0 la charge au début :

$$A + A' = Q_0. \tag{18}$$

D'autre part, l'équation (16) différentiée donne :

$$\frac{dQ}{dt} = \rho Ae^{\rho t} + \rho'A'e^{\rho' t}.$$

Or, pour $t = 0$, l'intensité $i = -\dfrac{dQ}{dt}$ est nulle ; on a donc :

$$\rho A + \rho'A' = 0. \tag{19}$$

Des équations (18) et (19) on déduit :

$$A = -\frac{Q_0\rho'}{\rho - \rho'}, \qquad A' = \frac{Q_0\rho}{\rho - \rho'}. \tag{20}$$

Deux cas sont à examiner, suivant que les racines de l'équation (17) sont réelles ou imaginaires.

Lorsque ces racines sont réelles, elles sont en même temps négatives. Donc à mesure que t augmente, la charge Q décroît et s'annule théoriquement pour $t = \infty$.

Le courant qui parcourt le fil est toujours de même sens et le condensateur se décharge en une seule fois.

Si, au contraire, les racines sont imaginaires, on peut poser :

$$\frac{1}{LC} - \frac{R^2}{4L^2} = m^2, \qquad (21)$$

d'où

$$\rho = -\frac{R}{2L} + m\sqrt{-1}, \qquad \rho' = -\frac{R}{2L} - m\sqrt{-1}$$

$$Q = e^{-\frac{Rt}{2L}}\left(A e^{mt\sqrt{-1}} + A' e^{-mt\sqrt{-1}}\right). \qquad (22)$$

Or, en considérant les développements en série des fonctions e^x, $\sin x$ et $\cos x$, on démontre en algèbre la formule suivante due à Euler :

$$e^{x\sqrt{-1}} = \cos x + \sqrt{-1}\,\sin x.$$

En faisant $x = mt$ et appliquant cette formule à l'équation (22), celle-ci devient :

$$Q = e^{-\frac{Rt}{2L}}\left[A(\cos mt + \sqrt{-1}\,\sin mt) + A'(\cos mt - \sqrt{-1}\,\sin mt)\right].$$

Enfin, remplaçant A et A' par les valeurs (20), il vient : toutes réductions faites,

$$Q = Q_0 e^{-\frac{Rt}{2L}}\left(\cos mt + \frac{R}{2mL}\sin mt\right),$$

d'où l'on déduit, pour l'intensité du courant de décharge à l'instant t :

$$i = -\frac{dQ}{dt} = \frac{Q_0}{mLC}\, e^{-\frac{Rt}{2L}}\sin mt,$$

c'est-à-dire que ce courant est *alternatif*. La durée T d'une période complète est alors :

$$T = \frac{2\pi}{m} = \frac{2\pi}{\sqrt{\dfrac{1}{CL} - \dfrac{R^2}{4L^2}}}.$$

On s'expliquera facilement ces résultats si l'on admet l'assimilation du diélectrique à un ressort tendu par la charge. Lorsque la cause de cette tension disparaît, le diélectrique revient en général, comme le ressort, à sa position initiale par une série d'oscillations.

Pour empêcher le ressort d'osciller, il faudrait opposer une résistance à son mouvement, par exemple en le plongeant dans un milieu visqueux. De même, on empêche les oscillations du diélectrique en présentant à la décharge du condensateur une résistance R suffisamment grande.

La valeur de T peut s'écrire :

$$T = \frac{2\pi\sqrt{CL}}{\sqrt{1 - \frac{CR^2}{4L}}}.$$

La capacité étant exprimée en farads dans cette formule, il en résulte que le nombre C est toujours très petit. On peut alors négliger la fraction $\frac{CR^2}{4L}$ devant l'unité, ce qui donne pour la durée T de l'oscillation :

$$T = 2\pi\sqrt{LC}.$$

On voit, d'après ce qui précède, que l'on pourrait réaliser des oscillations électriques en procédant de la manière suivante.

Deux sphères métalliques A et B isolées l'une de l'autre (fig. 4) et constituant un condensateur sont reliées aux pôles d'une source d'électricité, bobine de Ruhmkorff ou machine électrostatique, qui établit entre elles une différence de potentiel.

Si on les réunit par un fil continu ab, ce fil sera le siège de décharges alternatives, pourvu que les dimensions de l'appareil satisfassent aux conditions indiquées par la formule.(21).

En procédant ainsi, on n'obtiendrait qu'un phénomène de très courte durée, à peu près impossible à observer. Pour tourner la difficulté, Hertz interrompit le conducteur *ab,* de manière à laisser en son milieu un petit

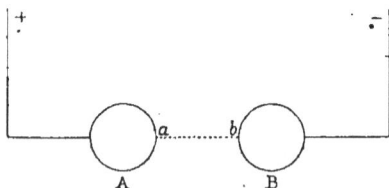

Fig. 4.

intervalle *mm'* (fig. 5). La décharge s'effectue alors par une étincelle qui jaillit entre *m* et *m',* lorsque la différence de potentiel entre les deux sphères a atteint une valeur suffisante. Cette étincelle joue le rôle d'un conducteur reliant les deux sphères, avec cette différence qu'une fois la décharge effectuée, les sphères peuvent se charger à nouveau pour se décharger ensuite, de sorte que l'on obtient entre les points *mm'* une série de décharges oscillantes se succédant sans interruption aussi long-

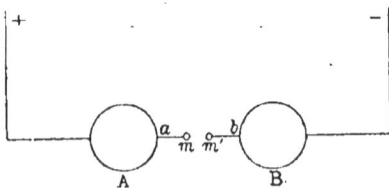

Fig. 5.

temps que la source fonctionne. Cet appareil constitue ce que Hertz a appelé l'*excitateur* ou l'*oscillateur.*

Quant à la durée des oscillations, on conçoit qu'on puisse la déterminer par la formule de Thomson, puisque l'on peut calculer directement les valeurs de L et de C en les déduisant des dimensions de l'appareil.

Dans ses premières expériences, avec des sphères de 0,30 m de diamètre, placées à 1,50 m l'une de l'autre, Hertz obtint des oscillations dont la durée en secondes était $T = 1,77 \times 10^{-8}$; en admettant que ces oscillations se propagent avec la vitesse de la lumière, leur longueur d'onde serait de 5,30 m environ.

Bien que plus tard Hertz ait réussi à réduire la longueur d'onde, les radiations obtenues étaient encore trop lentes pour agir sur l'organe de la vue. Il fallait donc, pour les étudier, réaliser un instrument destiné à remplacer l'œil. Dans ce but, Hertz employa comme récepteur un circuit composé d'une seule spire de fil métallique (fig. 6). L'anneau ainsi formé

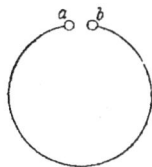

Fig. 6.

était interrompu et terminé à ses extrémités par deux petites boules a et b.

Cet appareil peut être considéré comme un condensateur dont les armatures seraient réunies en permanence par un arc métallique. Lorsqu'on l'introduit dans le champ, les variations de celui-ci donnent naissance à des forces électromotrices d'induction qui chargent le condensateur et, lorsque la différence de potentiel entre a et b est devenue assez grande, une étincelle jaillit entre les deux boules en déchargeant le condensateur. On aura donc en ab une série d'étincelles qui pourront servir à déceler l'existence du champ alternatif.

Ces étincelles seront elles-mêmes oscillantes, si les dimensions de l'appareil ont été convenablement choisies, de sorte que l'on aura entre a et b une série de décharges alternatives. On conçoit que ces décharges auront leur intensité maxima, si leur période est la même que celle des renversements du champ qui produisent les courants de charge ; car alors le condensateur se décharge en totalité par les étincelles et non par le fil qui réunit les armatures a et b.

On doit donc déterminer les dimensions du récepteur
de manière que ces conditions soient remplies, c'est-à-
dire en tenant compte de la période des oscillations
fournies par l'excitateur. Le récepteur fonctionne alors à
la façon d'un résonateur acoustique qui renforce seulement le son qu'il peut émettre directement. De là le nom
de *résonateur* donné par Hertz à son appareil récepteur
des ondes électriques.

Le résonateur, étant construit de manière à posséder
son maximum de sensibilité, peut servir à explorer le
champ et, suivant le degré d'intensité des étincelles, à

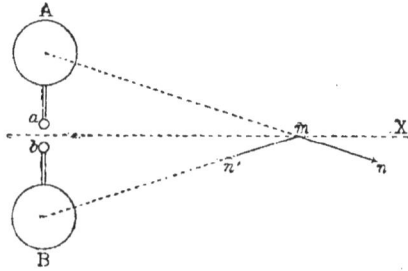

Fig. 7.

indiquer comment varie ce champ en ses différents
points.

Nous avons vu plus haut que les équations de Maxwell
conduisent à cette conséquence que, quand une onde
plane résultant d'une perturbation électromagnétique se
propage dans un diélectrique, les forces électrique et magnétique sont constamment dans le plan de l'onde et
perpendiculaires l'une à l'autre. Dans le cas particulier
de l'oscillateur de Hertz, on peut retrouver directement
ces résultats.

Considérons en effet un point m situé dans les plans
de symétrie de l'oscillateur (fig. 7). Les décharges oscillantes de ab produisent en m deux sortes d'actions : les
unes électrostatiques, qui résultent des variations de

charge des sphères A et B, les autres magnétiques, dues aux courants alternatifs entre a et b.

La force électrique en m est la résultante des actions exercées par les sphères A et B, dirigées respectivement suivant Am et Bm. On peut d'ailleurs admettre que les charges de A et B sont à chaque instant égales et de signes contraires, c'est-à-dire que les deux composantes mn, mn' du champ électrostatique sont toujours égales entre elles et situées du même côté de mX. Leur résultante est donc constamment parallèle à AB.

Quant au champ magnétique produit par le courant dirigé suivant ab, on sait que ses lignes de force sont des circonférences ayant leur centre sur ab et dont le plan est normal à ab. La force magnétique au point m est donc dirigée perpendiculairement au plan ABm, que nous avons pris comme plan de la figure.

Les intensités des champs électrostatique et magnétique sont donc rectangulaires et leur plan est normal à la direction de propagation mX. Si, de plus, on examine de près le fonctionnement de l'excitateur, on se rendra compte facilement que les maximums d'intensité du courant ab correspondent aux minimums de charge des sphères A et B, et réciproquement. Il en sera de même des intensités des deux champs alternatifs au point m, ce qui revient à dire que ces deux champs ont entre eux une différence de phase de un quart de période.

Ces divers résultats peuvent être vérifiés à l'aide du résonateur de Hertz. Menons par le point m trois axes rectangulaires mX, mY, mZ (fig. 8) respectivement suivant la direction de propagation, l'intensité du champ électrostatique et l'intensité du champ magnétique. Le centre du résonateur restant toujours en m, on pourra faire varier l'orientation du résonateur dans son plan et la position de ce plan.

Considérons d'abord les actions électrostatiques. Celles-ci seront nulles, si le plan du résonateur est perpendicu-

laire à la direction mY des lignes de force du champ électrostatique. On doit donc rechercher l'effet maximum des
actions électrostatiques en plaçant le résonateur dans le
plan YZ, parallèle aux lignes de force. L'intensité de l'action dépend alors de la position de la coupure ab. Si cette
coupure est sur mY, comme dans la figure 7, les boules
a et b ont constamment, par raison de symétrie, des potentiels égaux : il n'y a donc pas d'étincelles. Le maximum
aura lieu, au contraire, si la coupure se trouve sur mZ.

Tant que le résonateur est dans le plan YZ, l'action du
champ magnétique est nulle ; car on est alors sensible-

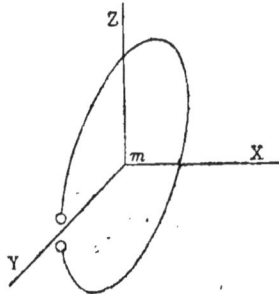

Fig. 8.

ment dans le même cas qu'un circuit fermé qui se déplace
parallèlement à lui-même dans un champ magnétique
uniforme. On peut donc ainsi étudier l'action due au
champ électrostatique seul.

Pour obtenir l'action maximum due au champ magnétique, il faudra placer le résonateur perpendiculairement
aux lignes de force de ce champ, c'est-à-dire dans le
plan XY. Il ne sera plus nécessaire alors de tenir compte
de l'orientation de la coupure, puisque, dans ce cas, les
courants induits dans le résonateur ne dépendent que de
la variation du flux de force qui traverse le circuit.

On voit enfin que, si l'on place le résonateur dans le
plan XY, qui est le plan de symétrie de l'excitateur, le

résonateur est soustrait à la fois à l'influence des deux champs.

Une fois en possession de ces appareils, Hertz s'est préoccupé de mesurer par l'expérience la vitesse de propagation des ondes émises par l'excitateur. Il appliqua pour cela la méthode employée par Biot pour mesurer la vitesse du son dans les gaz. L'onde ayant parcouru un certain trajet, si on la réfléchit de manière à la faire revenir en arrière, l'onde directe et l'onde réfléchie interfèrent et il se produit des nœuds et des ventres. Il suffit alors de déterminer la position de deux nœuds consécutifs pour en déduire d'abord la longueur d'onde et ensuite la vitesse de propagation.

Pour produire la réflexion de l'onde électromagnétique, Hertz la recevait sur une surface métallique, normale au rayon. En déplaçant le résonateur le long de ce rayon, il constatait que les étincelles n'avaient pas partout la même intensité; la position où cette intensité est minimum correspond à un nœud, celle où elle est maximum correspond à un ventre.

Suivant l'orientation donnée au résonateur, on peut étudier séparément l'onde électrostatique et l'onde électromagnétique; on reconnaît ainsi qu'elles ont la même vitesse de propagation, tout en ayant l'une par rapport à l'autre un retard d'un quart de période. De plus, on peut mesurer cette vitesse de propagation qu'Hertz indiqua comme très voisine de la vitesse de la lumière.

Les expériences présentaient toutefois de grandes difficultés provenant de ce que, l'amortissement des ondes électriques dans l'air étant très rapide, on ne pouvait opérer que sur de faibles distances. Pour augmenter la portée et en même temps le degré de précision des résultats, Hertz chercha alors à mesurer la vitesse de propagation des ondes, non plus dans l'air seul, mais dans des fils conducteurs.

La théorie montre en effet, indépendamment de toute

hypothèse sur la nature intime des phénomènes, que la vitesse doit être la même dans les deux cas, à la condition toutefois que les oscillations soient suffisamment rapides. On sait que la résistance offerte par un conducteur au passage d'un courant alternatif est représentée par le radical $\sqrt{R^2 + m^2 L^2}$ que l'on nomme l'*impédance*. R est la résistance *ohmique*, qui ne dépend pas de la période et est la même que pour les courants continus. Quant au deuxième terme $m^2 L^2$, il dépend à la fois du coefficient de self-induction L et du nombre $m = \frac{2\pi}{T}$ qui est proportionnel à la fréquence. Il en résulte que si m est très grand, comme R est en général assez faible, le premier terme du radical peut être négligé et le conducteur peut être considéré comme un conducteur *parfait,* c'est-à-dire sans résistance. Les choses se passent alors comme si le courant était dû à des charges statiques se déplaçant à la surface du conducteur, sans pénétrer dans son intérieur.

Ces idées ont été développées par Heaviside et Poynting, qui considèrent un courant électrique comme ayant son siège, non pas dans le conducteur, mais dans le diélectrique qui l'entoure, du moins en ce qui concerne l'énergie transportée. Si la résistance du conducteur est nulle, cette énergie arrive tout entière à l'extrémité du conducteur, comme si celui-ci n'existait pas. Si, au contraire, la résistance du conducteur n'est pas négligeable, une partie de l'énergie transportée se diffuse dans le conducteur, où elle se retrouve sous forme de chaleur. Si les variations du courant sont très rapides, cette diffusion n'atteint que les couches superficielles ; lorsque les variations sont nulles, c'est-à-dire dans le cas du courant continu, la diffusion pénètre jusqu'au centre du conducteur et la totalité de l'énergie est transformée en chaleur.

Ces considérations, qui sont d'ailleurs conformes aux idées de Maxwell, permettaient à Hertz de supposer que la vitesse de propagation des ondes le long des fils conducteurs devait être la même que dans l'air, c'est-à-dire égale à celle de la lumière. Cependant l'expérience ne confirma pas ces prévisions et donna des vitesses notablement moindres que celles qu'indiquait la théorie.

Il semblait donc y avoir désaccord entre la théorie et l'expérience. Deux physiciens genevois, MM. Sarasin et de la Rive, indiquèrent la principale raison de ce désaccord. Pour obtenir la vitesse de propagation, Hertz mesurait directement la longueur d'onde, puis, au moyen de la formule de Thomson, il calculait la durée T de la période, d'après les dimensions de l'excitateur.

Or, MM. Sarasin et de la Rive constatèrent que si l'on fait varier les dimensions du résonateur, l'excitateur restant le même, la longueur d'onde varie, de sorte que celle-ci doit être calculée, non pas d'après les dimensions de l'excitateur, comme le faisait Hertz, mais d'après celles du résonateur. En opérant de cette façon, le désaccord disparaît et l'expérience donne des résultats conformes à ceux qu'indiquait la théorie.

MM. Sarasin et de la Rive donnèrent le nom de *résonance multiple* à ce phénomène pour lequel ils proposaient l'explication suivante. En raison de sa forme complexe, l'excitateur produit non pas des ondes de période bien déterminée, mais un ensemble d'oscillations de périodes différentes, qui se superposent les unes aux autres. En d'autres termes, le phénomène de la décharge étant représenté par la série de Fourier, on aurait une oscillation principale accompagnée d'un nombre plus ou moins considérable d'harmoniques. Parmi toutes ces oscillations, le résonateur choisit celle qui correspond à sa période propre, de sorte que la longueur d'onde mesurée résulte exclusivement des dimensions du résonateur.

Malheureusement, cette explication, qui faisait disparaître un désaccord entre la théorie et l'expérience, venait en faire apparaître un autre.

En cherchant à faire intervenir dans le calcul les divers

éléments qui composent le circuit de l'excitateur, et en particulier la bobine d'induction, M. Poincaré reconnut que celle-ci influe très peu sur la période de l'excitateur, calculée comme l'avait fait Hertz et que, quand la période de l'excitateur est nettement déterminée, la longueur des ondes transmises n'en est pas moins fixée par le résonateur[1]. M. Poincaré proposa alors une autre explication du phénomène de la résonance multiple découvert par MM. Sarasin et de la Rive. Sans entrer dans le détail des calculs, nous dirons simplement que, d'après M. Poincaré, la résonance multiple peut être attribuée à l'amortissement que subissent les oscillations émises par l'excitateur[2]. M. Bjerkness a montré que cet amortissement est considérable pour l'excitateur, tandis qu'il est au contraire très faible pour le résonateur. D'autre part, des expériences directes ont confirmé la manière de voir de M. Poincaré.

Quoi qu'il en soit, les travaux de MM. Sarasin et de la Rive furent le point de départ d'une nouvelle série de recherches, parmi lesquelles il faut citer les expériences faites en France par M. Blondlot. Adoptant l'idée que le résonateur seul détermine la valeur de T, M. Blondlot modifia la forme adoptée par Hertz de manière à pouvoir appliquer plus facilement la formule de Thomson au calcul de T.

Nous devons nous borner ici à indiquer les résultats de ces expériences, ainsi que de celles dont il sera parlé ci-après ; pour le détail des méthodes suivies et des dispositifs adoptés par les différents expérimentateurs, nous renverrons au rapport présenté par MM. Blondlot et Gutton au Congrès international de physique réuni à Paris en 1900.

Les premières expériences de M. Blondlot datent de

---

1. *Les Oscillations électriques*, par H. POINCARÉ, p. 46. Paris, 1894.
2. *Les Oscillations électriques*, par H. POINCARÉ, p. 105 et suivantes. Paris, 1894.

1891 ; en faisant varier les dimensions des résonateurs, il trouva, pour une série de douze expériences, la valeur moyenne de 302 200 km par seconde.

Dans une nouvelle série de recherches faites en 1893, M. Blondlot chercha à déterminer la vitesse avec laquelle se propage le long d'un fil, non plus un mouvement oscillatoire, mais une simple perturbation électromagnétique, vitesse qui, d'après la théorie, doit aussi être égale à celle de la lumière.

Des expériences avaient déjà été tentées dans cet ordre d'idées. En 1834, Wheatstone avait trouvé, à l'aide d'un miroir tournant, une vitesse de 460 000 km ; en 1849, l'Américain Walker avait trouvé seulement 30 000 km. En 1850, MM. Fizeau et Gounelle, appliquant le procédé employé par Fizeau pour mesurer la vitesse de la lumière, obtenaient, pour la vitesse de l'électricité, 100 000 km dans le fer et 180 000 km dans le cuivre. Enfin M. W. Siemens, opérant en 1876 sur une ligne télégraphique en fer, trouvait pour le plus élevé de ses résultats 256 600 km.

En opérant sur des lignes de longueur variées, M. Blondlot obtint une moyenne de 298 000 km, valeur voisine de celle qu'il avait obtenue dans le cas des oscillations. La théorie se trouvait donc vérifiée par des procédés entièrement différents.

En 1895, MM. Trowbridge et Duane obtinrent, pour la propagation des ondes le long d'un fil de cuivre, la vitesse de 300 300 km. En 1897, M. Clarence-G. Saunders trouvait 299 700 km. Enfin, en 1899 M. Mac Lean trouvait, pour la propagation des ondes dans l'air, 299 110 km.

Tous ces nombres présentent une concordance remarquable, de sorte que finalement l'expérience assigne des valeurs très voisines à ces trois grandeurs : le rapport des unités électromagnétiques et électrostatiques, la vitesse de propagation des ondes électromagnétiques et la vitesse de la lumière. Étant donnés la difficulté des mesures et le degré de précision qu'elles peuvent comporter, les écarts ne sont pas de nature à infirmer la conclusion de Maxwell, à savoir que ces valeurs sont non seulement voisines, mais égales. On conçoit cependant l'intérêt qui s'attache à toute vérification qui viendra augmenter la probabilité de cette conclusion.

Ainsi que nous l'avons dit plus haut, s'il y a identité entre les ondes électromagnétiques et les ondes lumineuses, on doit pouvoir reproduire avec les premières tous les phénomènes qu'on obtient avec la lumière. Déjà en étudiant la propagation, Hertz avait constaté la réflexion des ondes sur des surfaces métalliques planes. Après avoir vérifié que les lois de cette réflexion sont les mêmes que pour la lumière, il réussit à obtenir la concentration des ondes au moyen de miroirs concaves. Ceux-ci étaient constitués par la surface intérieure d'un cylindre parabolique en métal dont la ligne focale contenait l'excitateur. En plaçant un miroir semblable derrière le résonateur, Hertz put reproduire l'expérience des miroirs conjugués. Dans ce cas, le résonateur était formé de deux fils rectilignes situés dans le prolongement l'un de l'autre et terminés, aux extrémités en regard, par deux petites boules entre lesquelles se produisaient les étincelles. Le résonateur formait alors un condensateur dont les armatures restaient isolées l'une de l'autre.

Hertz put également produire la réfraction des ondes en employant un prisme en asphalte ayant 1,50 m de hauteur et dont la base était un triangle équilatéral de 1,20 m de côté.

Enfin, en recevant les ondes sur les réseaux formés de fils métalliques parallèles, Hertz put reproduire les principaux phénomènes de polarisation rectiligne.

Les expériences de Hertz furent répétées dans tous les pays par un grand nombre de savants. Il faut citer en première ligne M. Lodge, en Angleterre, qui, sans avoir connaissance des travaux de Hertz, avait déjà obtenu des résultats analogues, en utilisant les ondes provenant de la décharge oscillante d'une bouteille de Leyde. Nous citerons ensuite les expériences de M. Lecher (1890), dont le dispositif a été adopté par Hertz pour étudier la propagation des ondes le long des fils, celles de M. J. J. Thomson pour l'étude de la propagation dans divers diélectriques[1], celles de M. Turpain (1897) sur les champs interférents et la propagation dans les diélectriques.

Mais les expériences les plus complètes faites en vue de la reproduction de phénomènes analogues à ceux de l'optique sont celles de M. Righi qui, en outre des résultats déjà obtenus par Hertz sur la réflexion et la réfraction, réussit à reproduire, avec les ondes électromagnétiques, les expériences d'optique ci-après :

Expérience des deux miroirs de Fresnel et production des franges d'interférence ; expérience du biprisme en employant un bloc de soufre ; diffraction par une fente étroite ou par le bord d'un écran. M. Righi constata également : la réflexion sur les diélectriques et l'application des formules de Fresnel à la réflexion sur les corps transparents, la production d'ondes elliptiques et circulaires, la réflexion totale, la polarisation par réfraction à travers une pile de lames de paraffine, etc.

Le phénomène de la double réfraction a été obtenu pour la première fois par M. Righi avec des lames de bois. Plus tard, on le réalisa avec des lames cristallines et en particulier avec le gypse. Le bois se comporte comme un biréfringent à un axe et rappelle les propriétés optiques de la tourmaline. On a pu faire avec le bois des lames demi-onde et quart d'onde.

Citons enfin les expériences de M. Lebedew, qui reconnut la double réfraction du soufre et réussit à construire un nicol en soufre pour ondes de 6 mm.

Dans toutes les recherches faites en vue de reproduire les phénomènes de l'optique au moyen des ondes élec-

---

1. *La Lumière électrique* du 30 août 1890.

triques, les expérimentateurs se sont avant tout préoccupés de réduire les longueurs d'onde, afin de ne pas être obligés de donner aux appareils des dimensions exagérées. Hertz lui-même était entré dans cette voie et, dans ses expériences sur la réfraction, il avait opéré avec des ondes de 0,66 m; mais il ne paraît pas qu'il soit descendu au-dessous. En modifiant la disposition de l'excitateur, M. Righi produisit des ondes de 25 mm. M. Bose, professeur à Calcutta, réussit à obtenir des ondes de 6 mm seulement, longueur qui a encore été abaissée par M. Lebedew.

Mais, en même temps qu'on diminue la longueur d'onde, on diminue considérablement la quantité d'énergie transmise, de sorte que l'on fut amené à rechercher, pour déceler les ondes électriques, des appareils plus sensibles que le résonateur primitif de Hertz. Ces recherches conduisirent à reconnaître que la présence des ondes peut être révélée par les procédés les plus divers. Il n'entre pas dans le cadre de cette étude de les décrire tous et nous renverrons aux classifications très complètes qui en ont été faites par M. le docteur A. Pochettino [1] et par M. Righi [2]. Nous nous contenterons d'en indiquer ici les principaux types.

Il faut signaler en premier lieu les appareils qui dérivent du résonateur de Hertz, composé d'un circuit circulaire avec micromètre à étincelles. M. Blondlot a adopté la même disposition, mais en donnant au circuit la forme d'un rectangle. Sur le milieu de l'un des grands côtés est intercalé un condensateur formé de deux plateaux placés en regard l'un de l'autre. Le micromètre est alors constitué par une boule et une pointe, soudées respectivement à chaque plateau et entre lesquelles jaillissent les étincelles.

Pour ses expériences sur la réflexion des ondes, Hertz avait employé la disposition que nous avons indiquée

1. *L'Éclairage électrique*, t. XVIII, p. 158.
2. Rapport au Congrès international de physique de 1900.

plus haut, et qui consiste à former le résonateur de deux
fils placés dans le prolongement l'un de l'autre, les extrémités en regard étant séparées par un petit intervalle. On
retrouve cette disposition dans le résonateur de M. Righi,
qui obtient une très grande sensibilité en construisant
l'appareil de la façon suivante : une mince couche d'argent formant une bande étroite est déposée sur une lame
de verre, puis divisée en deux parties par un trait de
diamant. C'est dans l'intervalle étroit ainsi réalisé que
jaillissent les étincelles.

Une disposition heureuse est celle du résonateur à coupure de M. Turpain[1]. Le circuit est circulaire comme
dans le résonateur de Hertz, mais en outre de l'interruption créée par le micromètre, ce circuit en porte une
deuxième plus large dont on peut faire varier la position
par rapport à la première. Ce dispositif ingénieux a été
fécond en résultats et a permis à M. Turpain de réaliser
une étude approfondie du champ hertzien.

Lorsqu'on diminue la longueur d'onde, les étincelles
deviennent plus faibles et par suite plus difficiles à observer. Aussi un grand nombre des modifications apportées
au résonateur de Hertz ont-elles eu pour objet de faciliter
l'observation des étincelles. On peut, par exemple, les
faire éclater dans un espace vide, tubes de Geissler,
lampes à incandescence dont le filament est interrompu
(Lecher, Borgmann, Drude, Zehnder, etc.).

Pour déceler la présence des étincelles devant un audi-
toire nombreux, on les a fait jaillir dans un mélange dé-
tonant de chlore et d'hydrogène (Lucas et Garret) ou
bien devant un papier sensibilisé à l'iodure de potassium
(Dragoumis). On peut enfin rapprocher de ces procédés
destinés aux leçons publiques, celui du professeur Ritter,
qui utilisait les contractions d'une grenouille préparée
comme pour l'expérience de Galvani.

---

1. *Comptes rendus*, 31 janvier 1898.

Dans les appareils que nous venons de citer, ce sont les étincelles jaillissant dans l'intervalle micrométrique du résonateur qui décèlent la présence des ondes électriques. Dans ceux dont il nous reste à parler, les expérimentateurs ont cherché à observer d'autres effets de la force électromotrice induite qui donne naissance à ces étincelles.

Un premier procédé consiste à observer cette force électromotrice elle-même à l'aide d'un électromètre. On peut ainsi étudier les ondes dans l'air (Blyth) ou bien le long des fils conducteurs (Franke).

Ce procédé a été également appliqué par Hertz; mais dans ses expériences avec le dispositif de Lecher pour la propagation des ondes le long des fils conducteurs, il remplaçait l'électromètre par de simples circuits rectilignes ou circulaires, mobiles par rapport au système des deux fils. Les actions qui s'exerçaient en vertu de la loi de Lenz étaient alors mesurées par la torsion des fils de suspension.

On a aussi utilisé les effets thermiques des courants induits produits par les ondes, pour déceler la présence de celles-ci. On peut d'abord mesurer l'allongement d'un fil disposé de manière à les recevoir (Gregory). On peut aussi mesurer la chaleur développée dans ce fil par le procédé du bolomètre; c'est alors la variation de résistance électrique du conducteur que l'on observe (Rubens). Enfin, on peut remplacer le bolomètre par une pile thermo-électrique. C'est cette dernière disposition qui a été employée dans toutes les expériences de Lebedew.

Nous arrivons enfin à l'importante catégorie des tubes à limaille, désignés sous le nom de *cohéreurs*. En 1870, Varley avait eu l'idée d'employer, pour protéger les appareils télégraphiques contre la foudre, des poudres conductrices telles que les limailles métalliques. Par suite du peu d'étendue des points de contact, une semblable poudre présente une résistance électrique considérable et peut être considérée comme empêchant le passage d'un courant ordinaire, tandis qu'elle laisserait passer facilement une décharge à haut potentiel, telle qu'une décharge atmosphérique. Malheureusement Varley constata qu'après une forte décharge, les particules métalliques se trouvaient en contact intime et formaient une masse conductrice continue. On dut par suite renoncer à l'application que l'on avait en vue et les expériences ne furent pas poursuivies, le phénomène observé ayant été attribué simplement à la chaleur développée par la décharge.

C'est seulement en 1884 que le professeur Calzecchi-Onesti constata la diminution de résistance électrique d'une colonne de limaille métallique, sous l'action de faibles courants. La limaille était enfermée dans un tube de matière isolante portant à ses extrémités deux électrodes métalliques qui amenaient le courant. Les courants qui produisaient le phénomène étaient ordinairement des extra-courants ou des courants induits. Enfin le physicien italien reconnut qu'il suffisait de faire tourner d'une petite quantité le tube autour de son axe pour faire disparaître la conductibilité acquise temporairement par la limaille.

Mais c'est M. Branly qui, en 1890, signala le premier l'action exercée à *distance* par une décharge oscillante sur un tube à limaille. Il put d'ailleurs faire varier dans de très larges limites la grosseur des particules métalliques, depuis l'état pulvérulent jusqu'à des billes sphériques ayant plus d'un centimètre de diamètre. M. Branly fit aussi varier la nature des métaux employés et dans tous les cas il constata qu'une étincelle éclatant à une certaine distance du tube suffisait à le rendre conducteur, tandis que cette conductibilité disparaissait sous l'action de trépidations et surtout d'un choc brusque.

C'est M. Lodge qui le premier a montré le parti que l'on pouvait tirer des tubes à limaille comme indicateurs des ondes électriques. Selon lui, les ondes ont pour effet d'orienter les particules et, suivant son expression, de les *cohérer*, d'où le nom de *cohéreur* donné par lui au tube de Branly.

L'explication donnée par M. Lodge ne paraissant pas absolument satisfaisante à M. Branly, ce dernier proposait de donner au tube à limaille le nom de *radioconducteur*. Ce nom était peut-être plus exact au point de vue théorique, mais il avait l'inconvénient d'être plus long et celui de cohéreur a prévalu.

Nous examinerons plus loin en détail les différentes théories qui ont été proposées pour expliquer le fonctionnement des tubes à limaille. Mais il nous reste encore à citer deux séries d'expériences qui achèveront de montrer comment on a été conduit à l'emploi des ondes hertziennes pour la télégraphie sans fil.

Les premières sont celles de M. Lodge qui songea à utiliser les propriétés du cohéreur pour répéter les expériences de Hertz. Lorsqu'un cohéreur a été soumis à l'action des ondes, il est devenu conducteur et ne peut être employé à nouveau qu'à la condition de recevoir un choc qui lui rend sa sensibilité primitive en lui faisant perdre sa conductibilité. M. Lodge eut alors recours à l'artifice suivant. Le cohéreur était intercalé dans un circuit contenant un relais et une pile et, à l'état neutre, la résistance de la limaille était assez grande pour que le courant de la pile ne fît pas fonctionner le relais. Dès que, sous l'action des ondes, la résistance du tube s'était abaissée, le relais était actionné et fermait un circuit local contenant une pile et un trembleur, par exemple une sonnerie dont le timbre était supprimé et dont le marteau venait frapper sur le tube. Celui-ci reprenant sa résistance primitive, le courant du relais cessait de passer et le circuit local s'ouvrait.

On était ainsi en possession d'un détecteur d'ondes à la fois plus sensible et plus commode que le résonateur de Hertz. C'est ce dispositif qui fut employé en 1895 dans les expériences dont nous avons encore à parler et qui sont celles de M. Popoff, professeur à l'école de marine de Cronstadt.

Ces expériences avaient pour but l'étude de l'électricité atmosphérique. Plusieurs observateurs, entre autres M. Lodge, avaient émis cette idée que le plus souvent les décharges de la foudre doivent être oscillatoires. M. Popoff entreprit de vérifier ce fait au moyen du cohéreur, en l'utilisant en même temps à enregistrer les décharges

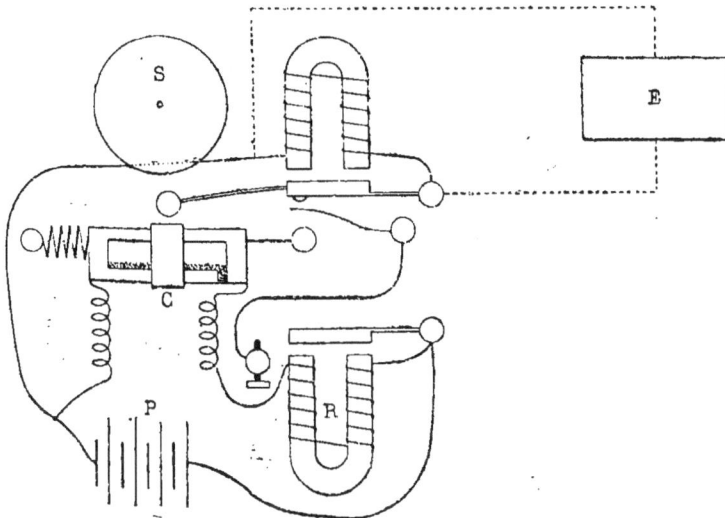

Fig. 9.

éloignées. Pour cela, l'une des extrémités du cohéreur était reliée à la tige d'un paratonnerre ou simplement à un fil métallique se relevant verticalement le long d'un mât; l'autre électrode du cohéreur était mise à la terre. Les deux électrodes étaient, en outre, reliées, suivant la disposition indiquée par Lodge, à un circuit comprenant une pile et un relais. La figure 9 représente le schéma de cette installation [1]. C'est le cohéreur, sur les bornes

---

1. VOISENAT, *Annales télégraphiques*, mars-avril 1898.

duquel est branché le circuit contenant la pile P et le
relais R; l'une de ces bornes est reliée à la tige verticale
dressée dans l'atmosphère, l'autre est mise à la terre.
Un deuxième circuit, contenant une sonnerie S et le contact du relais, était placé en dérivation sur le premier aux
bornes de la pile. Le marteau de la sonnerie était disposé
de telle façon qu'il pût frapper le cohéreur à chacune de
ses vibrations. L'inscription graphique était obtenue par
un enregistreur Richard E, monté en dérivation sur la
sonnerie.

Pour éviter les effets des étincelles de la sonnerie et du
relais, le cohéreur était entouré d'une double enveloppe
métallique dans laquelle était pratiquée une fente étroite
permettant le passage des ondes à étudier. Sous l'action
de ces ondes, le cohéreur était rendu conducteur et fermait le circuit des bobines du relais; l'armature de celui-
ci était alors attirée et fermait à son tour le circuit de la
sonnerie et de l'enregistreur. Le marteau de la sonnerie,
étant attiré, donnait un coup sur le timbre, puis sur le
cohéreur qui cessait alors d'être conducteur; le circuit
des bobines du relais n'étant plus fermé, la palette du
relais reprenait sa position normale et ouvrait ainsi les
circuits de la sonnerie et de l'enregistreur, et ainsi de
suite, tant que durait la production d'ondes à proximité.
Quand elle cessait, tous les organes du dispositif repre-
naient la position de repos.

Tels sont, résumés brièvement, les travaux concernant
les ondes électriques qui ont conduit à la télégraphie sans
fil. Nous exposerons, dans le chapitre suivant, comment
le dernier pas a été franchi, de telle sorte que les expériences de Hertz, entreprises uniquement au point de vue
spéculatif et dans le but de vérifier les conceptions purement théoriques de Maxwell, ont eu cette conséquence
inattendue de donner lieu, au point de vue pratique, à
une application dont l'importance n'est pas à démontrer.

CHAPITRE III

PRINCIPE ET DESCRIPTION SOMMAIRE D'UNE STATION DE TÉLÉGRAPHIE SANS FIL

Ainsi que nous l'avons dit plus haut, les expériences de M. Popoff avaient uniquement pour but l'étude de l'électricité atmosphérique. Ce n'est que plus tard qu'il tenta à son tour d'appliquer les propriétés des ondes hertziennes à la transmission des signaux, bien que, dès 1895, il eût émis l'idée que l'appareil installé par lui pour déceler le caractère oscillatoire des décharges atmosphériques pouvait également enregistrer des signaux Morse, transmis par *un ondulateur assez puissant*.

Reprenons en effet le dispositif de la figure 9 ; plaçons comme enregistreur, en E, un appareil Morse et supposons que les ondes reçues sur le fil vertical soient produites artificiellement au moyen d'un excitateur placé à distance. Il suffira de produire, au poste transmetteur, des émissions longues ou courtes, reproduisant par leurs combinaisons les signaux de l'alphabet Morse, comme on le fait pour la télégraphie optique. Ces signaux viendront s'enregistrer sur le Morse récepteur et l'on aura réalisé une transmission télégraphique sans fil.

Toutefois, le problème n'était pas complètement résolu. Il fallait encore, comme l'avait indiqué M. Popoff lui-même, trouver un excitateur assez puissant pour faire franchir de grandes distances aux ondes hertziennes qui, dans toutes les expériences faites antérieurement, n'avaient pas dépassé les limites d'un laboratoire.

C'est M. Marconi, alors étudiant à l'Université de Bologne, qui, en 1896, réalisa le premier une communica-

tion par ondes hertziennes. Pour cela, il employait un
récepteur analogue à celui de M. Popoff. Quant au transmetteur, il comprenait toujours un oscillateur de Hertz
actionné par une bobine d'induction ; mais M. Marconi
avait eu l'idée de lui adjoindre un fil vertical ou *antenne,*
semblable à celui de l'appareil récepteur. Ce fil partait
de l'une des boules de l'excitateur, dont l'autre boule
était reliée à la terre. Grâce à cette disposition, M. Marconi put, dès le début, transmettre des signaux à 16 km.
Nous verrons plus loin comment les perfectionnements
successifs apportés aux appareils ont permis de franchir
des distances beaucoup plus considérables.

Il résulte de ce qui précède que l'on peut résumer
ainsi qu'il suit le principe de la transmission des signaux
dans la télégraphie sans fil.

Si l'on produit des oscillations dans un conducteur
métallique (antenne) dont l'extrémité supérieure est
maintenue à une certaine distance du sol et dont l'extrémité inférieure est en communication avec le sol, ces oscillations transmettent à l'éther ambiant un mouvement
vibratoire qui se propage dans toutes les directions, par
ondes hertziennes.

Un conducteur métallique analogue au précédent, et
placé à une distance convenable, se comportera comme
un résonateur de Hertz et sera aussi le siège d'oscillations électriques. En produisant, d'une manière analogue
à la télégraphie optique, des séries longues ou courtes
d'oscillations dans l'antenne d'émission, on lancera dans
l'espace des séries longues ou courtes d'oscillations
hertziennes, c'est-à-dire de points et de traits représentant, par leurs combinaisons, les signaux Morse.

Ceux-ci seront reproduits par les oscillations qui prennent naissance dans l'antenne de réception et si l'on dispose des instruments nécessaires, ils pourront être rendus perceptibles à nos sens.

Une station complète de télégraphie sans fil devra

donc comprendre : les organes nécessaires à la production des oscillations, les organes nécessaires à la traduction des oscillations reçues en signes perceptibles à nos
sens et enfin une antenne qui sera utilisée alternative-
ment pour la transmission et pour la réception.

Le dispositif le plus simple est constitué schématiquement de la manière suivante.

Transmission. — Dans le système antenne-terre *at*
(fig. 10), on intercale, au voisinage du sol, un oscillateur O. Celui-ci est relié aux bornes du circuit secon-

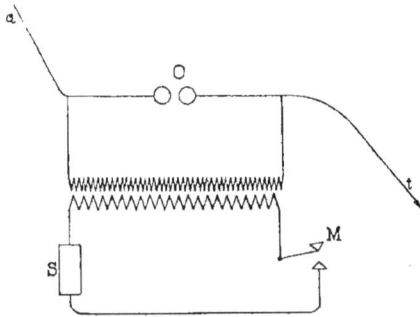

Fig. 10.

daire d'une bobine d'induction, dans le circuit primaire
de laquelle est intercalée une clef Morse M, ainsi qu'une
source d'électricité S.

L'antenne et le sol constituent ainsi les armatures d'un
condensateur entre lesquelles est placé l'oscillateur. Ce
condensateur est chargé à chacune des interruptions de
l'interrupteur de la bobine ; lorsque la tension entre les
deux boules de l'oscillateur atteint une valeur suffisamment élevée, le condensateur se décharge et la décharge
est oscillante.

L'antenne sera donc le siège d'oscillations énergiques
et si l'on ferme plus ou moins longtemps, au moyen de
la clef Morse, le circuit primaire de la bobine, on produit

dans l'antenne des séries longues ou courtes d'oscillations et par suite, dans l'espace, des signaux Morse en
ondes hertziennes.

Réception. — Le poste récepteur comprend comme
organe essentiel un cohéreur C (fig. 11), dont les électrodes sont reliées, d'une part à l'antenne *a* et à la terre *t,*
et d'autre part aux extrémités d'un circuit contenant :
un élément de pile P', un relais R et deux bobines de
self-induction BB. Le contact du relais commande deux

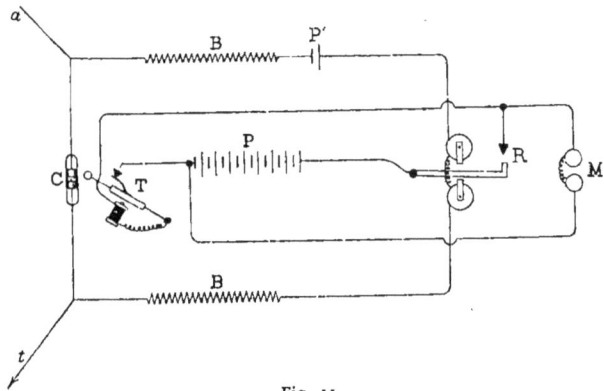

Fig. 11.

autres circuits comprenant, dans une partie commune,
une pile de quelques éléments P et le contact du relais
et contenant en outre, l'un un trembleur T destiné à
décohérer le tube de Branly, l'autre un appareil Morse M.

Les oscillations développées dans l'antenne par l'état
vibratoire de l'éther ambiant ne peuvent suivre le circuit
dérivé du relais, en raison de l'impédance des deux bobines de self-induction BB ; elles agissent alors sur le
cohéreur et le rendent conducteur. Le circuit dérivé contenant les bobines du relais se trouve donc fermé ; les
noyaux du relais étant aimantés, sa palette est attirée et
ferme les circuits du Morse et du trembleur. Le marteau

frappe aussitôt le tube de Branly et le décohère : le courant cesse de passer dans les bobines du relais, et la palette, revenant au repos, ouvre les circuits du Morse et du trembleur, en rétablissant les choses dans leur état primitif.

Si des oscillations continuent à se produire dans l'antenne, le cohéreur est de nouveau actionné aussitôt après le choc du marteau : d'où nouvelle attraction de la palette du relais et fermeture des circuits du Morse et du trembleur ; et ainsi de suite, tant qu'il se produira des oscillations dans l'antenne, c'est-à-dire tant que le poste transmetteur enverra des ondes électriques.

Quand celles-ci cesseront, le cohéreur ne sera plus actionné après le choc du marteau, et les circuits du trembleur et du Morse resteront ouverts.

On voit d'après cela que, si le transmetteur envoie une longue série d'ondes, cette série sera en réalité traduite sur la bande du Morse par une série de points, correspondant à chacun des contacts de la palette du relais.

Cette série de points est transformée en un trait continu, par l'artifice suivant. Un shunt de grande résistance est placé en dérivation sur le contact du relais, de sorte que, même quand ce contact est ouvert, un courant faible continue à passer dans les bobines du Morse. Les noyaux du Morse conservent donc en permanence une certaine aimantation qui, jointe à l'inertie de la palette, empêche celle-ci de se relever dans l'intervalle des points rapprochés produits par les contacts successifs du relais.

Si le transmetteur envoie une série courte, on aura sur la bande un trait court représentant un point.

Les points et les traits des signaux Morse, produits par le manipulateur du transmetteur, seront donc enregistrés sur la bande du récepteur comme dans une installation télégraphique ordinaire.

CHAPITRE IV

FONCTIONNEMENT DES ANTENNES

Dès le début de la télégraphie sans fil, on a essayé de se rendre compte de l'état électrique de l'antenne d'émission. Mais le montage employé ne donnant pas naissance à des phénomènes suffisamment nets, les tâtonnements furent assez longs. Cependant on était parvenu à se rendre compte que l'on avait un maximum de tension, avec un minimum d'intensité au sommet de l'antenne de transmission, avec l'inverse au sol. Le phénomène est comparable à celui qui se passe dans les tuyaux sonores et la hauteur de l'antenne représenterait alors le quart de la longueur d'onde des oscillations qui peuvent être transmises par cette antenne.

Ces résultats peuvent être déduits du calcul, à la condition toutefois d'admettre un certain nombre d'hypothèses dont la légitimité est loin d'être démontrée et qui n'ont d'autre objet que de faciliter l'établissement des formules. C'est ainsi, par exemple, que l'on applique aux oscillations produites dans les antennes, les lois de la propagation des courants alternatifs dans les fils conducteurs. Il n'est pas douteux que les phénomènes qui se passent dans une antenne reliée à un oscillateur ne soient plus complexes que ceux qui se rapportent au régime périodique permanent, tel qu'on le considère ordinairement dans les applications industrielles.

Il n'est donc pas étonnant que les résultats du calcul ne soient pas toujours rigoureusement d'accord avec l'expérience, et il convient de les considérer seulement comme une première approximation.

Soit un fil conducteur rectiligne indéfini dont nous désignerons respectivement par r, l, g, la résistance, la self-induction et la capacité par unité de longueur. Si ce conducteur est le siège de courants variables, le potentiel v à l'instant t, en un point situé à une distance z d'un point fixe pris pour origine, est à la fois fonction de z et de t, et il en est de même de l'intensité i au même point.

Considérons dans le fil deux sections situées à des distances z et $z + dz$ de l'origine. La quantité d'électricité qui a traversé la section z pendant le temps dt est idt, celle qui a traversé la section $z + dz$ pendant le même temps est $\left(i + \dfrac{di}{dz}\,dz\right)dt$, ce qui revient à dire que pendant le temps dt, la charge de l'élément dz a varié de $-\dfrac{di}{dz}\,dz\,dt$.

Or pendant le même temps, le potentiel de dz, dont la capacité est gdz, a augmenté de $\dfrac{dv}{dt}\,dt$. On aura donc :

$$-\frac{di}{dz}\,dz\,dt = gdz\,\frac{dv}{dt}\,dt$$

ou

$$-\frac{di}{dz} = g\,\frac{dv}{dt}. \qquad (23)$$

D'autre part, si l'on considère le potentiel v comme une fonction de z, la chute du potentiel dans l'élément dz est $-\dfrac{dv}{dz}\,dz$. Outre la force électromotrice représentée par cette chute de potentiel, l'élément dz contient encore la force électromotrice due à la self-induction $-\,ldz\,\dfrac{di}{dt}$. Comme d'ailleurs la résistance de l'élément est rdz, on a pour l'équation du courant :

$$-\frac{dv}{dz}\,dz - ldz\,\frac{di}{dt} = irdz$$

ou

$$-\frac{dv}{dz} = ri + l\frac{di}{dt}. \qquad (24)$$

On obtiendra donc l'équation qui régit les variations du potentiel en éliminant i entre (23) et (24).

Différentions (23) par rapport à t et (24) par rapport à z ; on aura :

$$-\frac{d^2 i}{dz\,dt} = g\frac{d^2 v}{dt^2}$$

$$-\frac{d^2 v}{dz^2} = r\frac{di}{dz} + l\frac{d^2 i}{dz\,dt},$$

d'où

$$\frac{d^2 v}{dz^2} - rg\frac{dv}{dt} - lg\frac{d^2 v}{dt^2} = 0. \qquad (25)$$

Cette équation est ordinairement désignée sous le nom d'*équation des télégraphistes*. Dans le cas particulier où v est une fonction périodique, l'intégration peut se faire facilement.

Supposons que v soit de la forme :

$$v = A \sin \omega t + B \cos \omega t,$$

A et B étant des fonctions de z à déterminer. Écrivons que cette valeur satisfait à l'équation (25) :

$$\frac{d^2 A}{dz^2} \sin \omega t + \frac{d^2 B}{dz^2} \cos \omega t - rg\,(\omega A \cos \omega t - \omega B \sin \omega t)$$
$$+ \omega^2 lg\,(A \sin \omega t + B \cos \omega t) = 0.$$

Cette relation devant être satisfaite quel que soit t, on égalera à 0 les coefficients de $\sin \omega t$ et $\cos \omega t$, ce qui donnera deux équations pour déterminer A et B :

$$\frac{d^2 A}{dz^2} + \omega gr B + \omega^2 lg A = 0$$
$$\frac{d^2 B}{dz^2} - \omega gr A + \omega lg B = 0. \qquad (26)$$

Posons

$$y = A + B \sqrt{-1}$$

et ajoutons les deux équations (26) après avoir multiplié les termes de la seconde par $\sqrt{-1}$; il viendra :

$$\frac{d^2 y}{dz^2} + \left(\omega^2 lg - \omega gr \sqrt{-1} \right) y = 0.$$

C'est une équation linéaire à coefficients constants, dont l'intégrale générale est :

$$y = P e^{\rho_1 z} + Q e^{\rho_2 z}, \qquad (27)$$

P et Q étant des constantes d'intégration à déterminer d'après les conditions initiales, ρ_1 et ρ_2 étant les racines de l'équation caractéristique :

$$\rho^2 + \omega^2 lg - \omega gr \sqrt{-1} = 0.$$

Posons

$$\rho_1 = - \rho_2 = p + q \sqrt{-1},$$

on aura

$$\rho_1^2 = p^2 - q^2 + 2pq \sqrt{-1} = - \omega^2 lg + \omega gr \sqrt{-1},$$

d'où

$$p^2 - q^2 = - \omega^2 lg$$

$$2 pq = \omega gr.$$

Et en remarquant que :

$$(p^2 + q^2)^2 = (p^2 - q^2)^2 + 4 p^2 q^2 = \omega^4 l^2 g^2 + \omega^2 g^2 r^2,$$

on a

$$p^2 + q^2 = \omega g \sqrt{r^2 + \omega^2 l^2} = \omega gd,$$

en désignant par d le radical $\sqrt{r^2 + \omega^2 l^2}$ ou l'impédance par unité de longueur.

On en déduit :

$$p^2 = \frac{\omega g}{2}(d - \omega l)$$

$$q^2 = \frac{\omega g}{2}(d + \omega l).$$

(28)

L'équation (27) peut s'écrire :

$$y = P e^{pz} e^{qz\sqrt{-1}} + Q e^{-pz} e^{-qz\sqrt{-1}}$$

ou, en appliquant la formule d'Euler :

$$y = P e^{pz}(\cos qz + \sqrt{-1} \sin qz) + Q e^{-pz}(\cos qz - \sqrt{-1} \sin qz),$$

d'où

$$A = (P e^{pz} + Q e^{-pz}) \cos qz$$

$$B = (P e^{pz} - Q e^{-pz}) \sin qz,$$

ce qui donne enfin pour le potentiel v :

$$v = P e^{pz} \sin(\omega t + qz) + Q e^{-pz} \sin(\omega t - qz). \quad (29)$$

Le calcul de l'intensité se fera de la même manière. Si l'on élimine v entre (23) et (24), on obtient l'équation des télégraphistes dans laquelle i est l'inconnue :

$$\frac{d^2 i}{dz^2} - rg \frac{di}{dt} - lg \frac{d^2 i}{dt^2} = 0.$$

On en déduira comme ci-dessus :

$$i = P' e^{pz} \sin(\omega t + qz) + Q' e^{-pz} \sin(\omega t - qz). \quad (30)$$

Lorsque le conducteur est indéfini, le potentiel et l'intensité doivent décroître quand z augmente, et par suite, les termes qui contiennent e^{pz} doivent être nuls. Mais il n'en est plus de même si la longueur du fil est limitée ; après avoir atteint l'extrémité isolée, l'onde est réfléchie et revient en arrière, de sorte qu'en chaque point, le potentiel et l'intensité peuvent être considérés comme résultant de la superposition de deux ondes se propageant en sens inverse. C'est ce qu'indiquent alors les équations (29) et (30).

La vitesse de propagation, qui est la même pour les deux ondes, est égale à $\dfrac{\omega}{q}$ et le facteur exponentiel montre qu'il y a amortissement. Dans le cas particulier qui nous occupe, on peut, en raison de la faible longueur de l'antenne, négliger cet amortissement, ce qui revient à faire $p = 0$.

Les équations (28) donnent alors :

$$d - \omega l = 0$$
$$r = 0.$$

C'est-à-dire que l'antenne est considérée comme un conducteur parfait. On sait que cette hypothèse est permise dans le cas des vibrations très rapides.

On a alors :

$$q^2 = \omega^2 l g$$

et la vitesse de propagation se réduit à :

$$\frac{\omega}{q} = \frac{1}{\sqrt{lg}}.$$

Quant aux équations (29) et (30), elles deviennent :

$$v = P \sin(\omega t + qz) + Q \sin(\omega t - qz)$$
$$i = P' \sin(\omega t + qz) + Q' \sin(\omega t - qz).$$

Écrivons maintenant que ces valeurs de v et de i satisfont à la relation (23). On aura :

$$\frac{di}{dz} = q [P' \cos(\omega t + qz) - Q' \cos(\omega t - qz)]$$

$$-g \frac{dv}{dt} = -\omega g [P \cos(\omega t + qz) + Q \cos(\omega t - qz)].$$

La relation (23) devant être satisfaite, quelles que soient les valeurs de x et de t, on aura :

$$P' = -\frac{\omega g}{q} P$$

$$Q' = \frac{\omega g}{q} Q.$$

Appliquons maintenant ces résultats à une antenne reliée au sol par son extrémité inférieure que nous prendrons pour origine. Pour $x = 0$, on doit avoir constamment $v = 0$, ce qui donne :

$$P + Q = 0$$

$$P' = Q'.$$

Les valeurs de v et de i deviennent alors :

$$v = 2\,P \sin qx \cos \omega t$$

$$i = -\frac{2\,\omega g}{q} P \cos qx \sin \omega t.$$

C'est-à-dire que l'on a des ondes stationnaires donnant des nœuds, pour le potentiel, aux points où $\sin qx = 0$ et, pour l'intensité, aux points où $\cos qx = 0$. On voit de plus que l'intensité est en *avance* de un quart de période sur le potentiel.

Soit maintenant a la hauteur totale de l'antenne. Pour $x = a$, on doit avoir $i = 0$. Il faut donc que $\cos qa$ soit nul, c'est-à-dire que qa soit un multiple impair de $\frac{\pi}{2}$. Prenons :

$$qa = \frac{\pi}{2}.$$

La vitesse de propagation dans le conducteur est $\frac{\omega}{q}$ et la durée d'une vibration est $\frac{2\pi}{\omega}$. Il en résulte que la longueur d'onde λ a pour valeur $\frac{2\pi}{q}$, d'où :

$$a = \frac{\lambda}{4}.$$

Dans ce cas, on a un nœud à l'extrémité inférieure, avec un ventre au sommet pour le potentiel et l'inverse pour l'intensité.

Supposons maintenant l'antenne isolée à ses deux extrémités. Pour $z = 0$ on doit avoir $i = 0$, d'où :

$$P' - Q' = 0$$

$$P + Q = 0$$

et les formules deviennent :

$$v = 2\,P \cos qz \sin \omega t$$

$$i = -\frac{2\omega g}{q} P \sin qz \cos \omega t.$$

Or au sommet, c'est-à-dire pour $z = a$, on doit avoir $i = 0$; donc $\sin qa$ est nul et par suite qa est un multiple de π. Si l'on prend $qa = \pi$, on a :

$$a = \frac{\lambda}{2}.$$

Dans ce cas, l'antenne se comporte comme un tuyau ouvert, c'est-à-dire qu'elle présente un ventre de tension à chaque extrémité et la longueur d'onde de son mouvement vibratoire est égale à deux fois sa hauteur.

Le premier cas, antenne reliée au sol, se rapporte à la transmission et la longueur d'onde est alors égale à quatre fois la hauteur de l'antenne. A la réception au contraire, l'antenne est reliée au sol par l'intermédiaire du cohéreur qui, au repos, présente une résistance pratiquement infinie. On peut donc la considérer comme isolée à ses deux extrémités et la longueur d'onde est égale seulement à deux fois la hauteur de l'antenne. Il en résulte que si les antennes sont égales, celle de la réception donnerait l'octave de l'antenne de transmission.

Reprenons maintenant l'antenne de transmission et supposons qu'en un point B, situé à une distance b de l'origine, on intercale un oscillateur de manière à reproduire le montage de la figure 10 (page 51), dit montage à *étincelle directe*. Nous aurons en B une succession de décharges oscillantes dont la période sera donnée par la formule de Thomson (page 29) :

$$m = \frac{1}{\sqrt{CL}},$$

dans laquelle C et L représentent la capacité et la self-induction totales du circuit de décharge.

D'autre part, nous avons trouvé qu'un mouvement vibratoire transmis à une antenne de hauteur a, se traduit par des oscillations dont la longueur d'onde est $4a$ et la vitesse

$$\frac{1}{\sqrt{lg}} = \frac{m}{q};$$

on en déduit la relation :

$$a^2 lg = \frac{\pi^2}{4} LC. \tag{31}$$

Admettons d'abord que la force électromotrice excitatrice produise en B un potentiel variable représenté par :

$$v = E \cos mt.$$

Pour $x = b$, la valeur de v est :

$$v = 2P \sin qb \cos mt.$$

Ce qui donne :

$$_2 P = \frac{E}{\sin qb}.$$

Les valeurs de v et i sont alors :

$$v = E \frac{\sin qz}{\sin qb} \cos mt$$

$$i = -\frac{mg}{q} E \frac{\cos qz}{\sin qb} \sin mt.$$

Ces formules montrent que l'on devra prendre pour $\sin qb$ une valeur aussi faible que possible. On y arrive en rapprochant le plus possible le point B de la partie inférieure O de l'antenne. C'est ce qu'a fait M. Marconi dans ses différents montages.

Mais on peut aussi obtenir le même résultat en attribuant à qb une valeur voisine de π. Dans ce cas, la longueur totale a de l'antenne ne peut plus être égale à $\frac{\lambda}{4}$. On satisfait alors à la condition $\cos qa = 0$ en prenant $qa = \frac{3\pi}{2}$, de sorte que l'on a finalement :

$$a = \frac{3\lambda}{4},$$

$$b = \frac{2\lambda}{4},$$

$$a - b = \frac{\lambda}{4},$$

et la condition (31) devient :

$$a^2 lg = \frac{9\pi^2}{4} LC.$$

Il faut remarquer d'ailleurs que la partie OB de l'antenne n'intervient pas pour l'émission des ondes à travers l'espace. Cette partie peut donc être enroulée en formant

un certain nombre de spires, de façon que le point B,
c'est-à-dire l'oscillateur, reste dans le voisinage du sol.
Ce mode de montage a été employé par MM. Slaby et
Fessenden.

Les différents résultats que nous venons d'indiquer
peuvent être vérifiés par l'expérience. On peut constater
la présence des nœuds et des ventres, en intercalant sur
l'antenne des indicateurs de tension et des indicateurs
de quantité, par exemple des tubes de Geissler et des
lampes à incandescence, ou bien des électromètres et
des ampèremètres thermiques.

Toutefois, les phénomènes ne sont pas toujours aussi
nets que l'indique la théorie. Avec le montage à étincelle
directe, en particulier, non seulement l'appareil semble
émettre simultanément des ondes de longueurs différentes, mais pour chacune de ces ondes, la période elle-
même paraît variable. Cela résulte de l'amortissement
considérable des oscillations, lequel provient, d'une part,
de la présence de l'étincelle dans le circuit et, d'autre
part, du rayonnement. Les mesures faites au moyen du
miroir tournant, par M. Tissot, ont montré qu'il ne se
produit que deux ou trois oscillations à chaque décharge.
M. Tissot a également constaté que la période ne reste
pas constante dans une même décharge. M. Swyngue-
dauw a montré que, pour une même décharge, la période
allait d'abord en décroissant, puis croissait de nouveau.
L'amplitude, au contraire, décroît de la première à la
dernière oscillation.

Mesure de la période des oscillations. — On a également cherché à vérifier les conclusions qui précèdent, en
mesurant la période des oscillations dans l'antenne de
transmission. En ce qui concerne la mesure directe, il
faut reconnaître qu'on ne connaît actuellement aucun
procédé permettant de la réaliser d'une manière à la fois
précise et pratique. Certains expérimentateurs ont pu

cependant, en employant des appareils délicats et compliqués, mesurer directement les périodes avec une certaine approximation. Tel est M. Lindermann, qui se servait de l'électromètre suivant la méthode indiquée par Bjerkness. Nous citerons également M. Decombes et M. Tissot, qui ont appliqué la méthode du miroir tournant de Feddersen.

Dans la pratique, on est obligé d'avoir recours aux méthodes indirectes, qui consistent à employer un circuit auxiliaire que l'on met en résonance avec le circuit de décharge ; c'est alors dans ce circuit auxiliaire que l'on mesure les longueurs d'onde. Cette méthode a été employée par Lecher d'abord et ensuite par Hertz. Pour mesurer la période des décharges oscillantes d'un condensateur, M. Drude constituait le circuit auxiliaire au moyen de deux fils parallèles réunis par un pont mobile. Le résonateur de Hertz était alors remplacé par un tube à vide relié au pont.

Dans le cas de la télégraphie sans fil, on peut mesurer la période des oscillations produites dans l'antenne, par le procédé suivant, qui donne des résultats suffisamment approchés pour la pratique [1].

On sait que tout conducteur relié à un circuit oscillant entre en vibration et la période est la même dans tout le système. En général, cette période diffère de celle du circuit primitif, en raison des modifications que le conducteur additionnel a apportées aux éléments électriques de ce circuit. Il peut se produire également un effet de résonance multiple, mais, en tout cas, le mouvement vibratoire aura son amplitude maximum lorsque les éléments électriques du conducteur auxiliaire seront tels que sa période propre soit égale à la période du circuit générateur. Si donc on mesure la tension ou l'intensité dans ce conducteur et que l'on fasse varier ses dimen-

---

1. G. Ferrié, *Comptes rendus*, t. CXXXVI, p. 1248.

sions, on saura que la période de ce dernier est égale à celle du circuit générateur lorsque la tension ou l'intensité seront maximums.

Prenons d'abord le cas du montage à étincelle directe et mettons en dérivation sur le fil de terre un autre fil horizontal rectiligne [1]. Si l'on place à l'extrémité de ce fil un micromètre à étincelles dont l'un des pôles est relié au fil et l'autre isolé complètement, on peut mesurer empiriquement la tension en ce point par la longueur d'étincelle. Ce micromètre peut évidemment être remplacé par un électromètre. Si l'on fait varier la longueur du fil, on constate que cette tension passe par un ou plusieurs maximums.

On arrive à un résultat analogue en mesurant les intensités au moyen d'ampèremètres thermiques, mais alors l'instrument doit être placé non plus à l'extrémité, mais tout près du point de dérivation. Il convient de remarquer que les indications données par les ampèremètres thermiques sont les intensités efficaces, c'est-à-dire des fonctions de la fréquence de l'interrupteur de la bobine, de l'amortissement, etc., tandis que le micromètre donne des indications représentant les maximums de tension ; mais l'emploi de l'ampèremètre thermique est beaucoup plus commode.

Si donc on relie un fil horizontal à un point de l'antenne situé au voisinage du sol, son extrémité libre étant parfaitement isolée (fig. 12), et que l'on intercale sur ce fil, au voisinage du point de dérivation, un ampèremètre thermique, on constate que les indications de l'instrument varient avec la longueur du fil. En augmentant progressivement cette longueur, on voit le débit croître graduellement jusqu'à un maximum très net, puis décroître

---

1. M. Arco a proposé récemment d'enrouler le fil auxiliaire en larges spires. Nous avions également adopté cette disposition au début ; mais l'emploi du fil rectiligne et horizontal nous a paru donner des résultats plus précis.

jusqu'à une valeur voisine de o, augmenter ensuite de nouveau et ainsi de suite. Les maximums et minimums sont régulièrement espacés et la différence des longueurs correspondant à deux concamérations successives représente évidemment un quart de longueur d'onde du mouvement vibratoire de l'antenne.

Le plus grand des maximums est le premier, c'est-à-dire celui qui est obtenu avec une longueur de fil, comptée à partir de la prise de terre, égale à un 1/4 d'onde.

Pour que les résultats obtenus dans différents cas

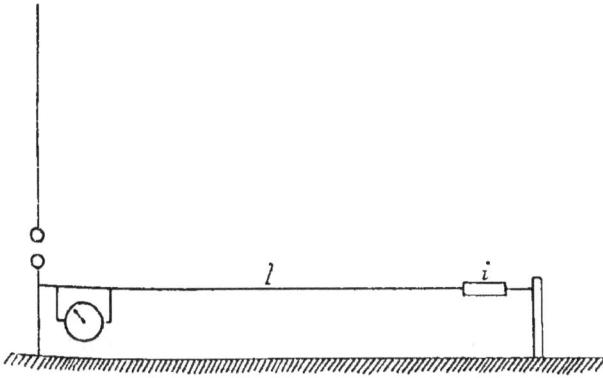

Fig. 12.

soient comparables, il convient de placer toujours le fil horizontal à la même distance du sol, 1 m par exemple.

Nous avons ainsi vérifié que, pour des antennes à un seul fil de longueur inférieure à 800 m, cette longueur représentait à très peu près un quart d'onde du mouvement vibratoire transmis. Mais il n'en est pas de même pour des antennes à plusieurs fils : la capacité augmente assez vite avec le nombre et l'écartement des fils, tandis que la self diminue lentement ; la longueur d'onde augmente donc.

Le tableau ci-après indique, à titre d'exemple, les résultats de quelques mesures faites sur des antennes courtes :

LONGUEURS.		$\dfrac{\lambda}{4}$ mesuré pour l'antenne totale.	L C (unités C. G. S.) déduit de $\dfrac{\lambda}{4}$.	C (unités C. G. S.) mesuré pour l'antenne totale.	L (unités C. G. S.) déduit.
Antenne totale jusqu'au sol.	Antenne proprement dite.				
m	m	m			
21,50	12,50 (fil unique).	20,00	18×10^{-16}	15×10^{-20}	$1,1 \times 10^{-4}$
34,00	25,00 (fil unique).	30,50	42×10^{-16}	24×10^{-20}	$1,8 \times 10^{-4}$
21,50	12,50 (2 fils à 0,50 m).	23,00	24×10^{-16}	20×10^{-20}	$1,2 \times 10^{-4}$
34,00	25,00 (2 fils à 0,50 m).	33,50	$50,5 \times 10^{-16}$	$29,5 \times 10^{-20}$	$1,7 \times 10^{-4}$
21,50	12,50 (3 fils à 0,50 m, même plan).	25,00	28×10^{-16}	$22,5 \times 10^{-20}$	$1,2 \times 10^{-4}$
34,00	25,00 (3 fils à 0,50 m, même plan).	35,00	55×10^{-16}	$34,5 \times 10^{-20}$	$1,6 \times 10^{-4}$
21,50	12,50 (5 fils à 0,50 m, même plan).	27,50	34×10^{-16}	28×10^{-20}	$1,6 \times 10^{-4}$
34,00	25,00 (5 fils à 0,50 m, même plan).	39,50	70×10^{-16}	44×10^{-20}	$1,6 \times 10^{-4}$
21,50	12,50 (2 fils à 1 m).	23,50	25×10^{-16}	20×10^{-20}	$1,2 \times 10^{-4}$
34,00	25,00 (2 fils à 1 m).	34,00	52×10^{-16}	$31,5 \times 10^{-20}$	$1,6 \times 10^{-4}$
21,50	12,50 (3 fils à 1 m, même plan).	26,00	30×10^{-16}	25×10^{-20}	$1,2 \times 10^{-4}$
34,00	25,00 (3 fils à 1 m, même plan).	36,50	60×10^{-16}	$37,5 \times 10^{-20}$	$1,6 \times 10^{-4}$
21,50	12,50 (2 fils à 2 m).	24,00	26×10^{-16}	$22,5 \times 10^{-20}$	$1,1 \times 10^{-4}$
34,00	25,00 (2 fils à 2 m).	35,00	55×10^{-16}	34×10^{-20}	$1,6 \times 10^{-4}$

Les nombres portés dans la première colonne indiquent la hauteur *totale* des antennes, laquelle se compose de deux parties. La première est celle qui est comprise entre le sol et le point, extérieur au poste, auquel on rattache successivement les différentes antennes. Cette partie, qui contient l'oscillateur, est la même pour toutes les expériences, et représente un circuit de 9 m de longueur.

La deuxième partie, qui varie d'une expérience à l'autre, est la hauteur des diverses antennes expérimentées. Ce sont ces hauteurs qui sont indiquées dans la deuxième colonne. En les augmentant de 9 m, on obtient celles de la première colonne auxquelles doivent être comparées les valeurs données par la mesure directe de $\dfrac{\lambda}{4}$.

Pour déterminer la self-induction L d'une antenne, on a admis d'abord (ce qui n'est pas absolument certain) que la formule de Thomson était applicable, ce qui permettait de calculer le produit LC. Il suffisait ensuite, pour obtenir L, de mesurer la capacité C de l'antenne.

Cette mesure peut se faire sans difficulté par les méthodes de Sauty ou de Thomson, en employant des courants variables, avec un téléphone. Les courants variables peuvent être obtenus par une dérivation sur l'électro-aimant de l'interrupteur à mercure, cette dérivation étant coupée par un condensateur.

La dernière colonne, qui contient les valeurs de L, montre que ces valeurs varient peu d'une antenne à l'autre.

CHAPITRE V

THÉORIES DE LA TÉLÉGRAPHIE SANS FIL

Quel est maintenant le mécanisme par lequel s'effectue le transport d'énergie utilisé dans la télégraphie sans fil? Plusieurs théories ont été émises pour répondre à cette question. Certains auteurs ont admis qu'il y avait simplement induction électromagnétique entre les deux antennes; d'autres n'ont vu qu'un effet de capacité électrostatique, d'autres encore, un effet de conduction par le sol ou une simple propagation des ondes hertziennes par l'air. Nous résumerons d'abord les plus intéressantes de ces théories.

Celle de M. Slaby est basée uniquement sur l'induction électromagnétique. Il admet que, si un fil de longueur l est le siège d'un courant dont l'intensité moyenne est J et la période T, l'intensité du courant induit dans un fil parallèle de même longueur, placée à une distance a est :

$$j = K \frac{l^2 J}{a T}.$$

La fréquence des oscillations étant très grande, T est très petit et la portée a peut alors être considérable.

La formule de M. Slaby a été établie pour deux antennes parallèles. Il en résulte que le raisonnement se trouverait en défaut lorsque les antennes, étant situées dans le même plan, forment chacune avec la verticale un angle de 45°; car elles sont alors perpendiculaires. Néanmoins, on obtient encore d'excellentes communications dans ces conditions.

D'autre part, des antennes horizontales bien démasquées devraient être aussi efficaces que les antennes verticales, ce qui est contraire aux résultats de l'expérience.

Nous verrons plus loin que l'on peut obtenir une formule analogue à celle de M. Slaby, sans exiger pour cela le parallélisme des antennes.

D'après M. Andersen, le rôle principal en télégraphie sans fil serait joué par la capacité électrostatique des antennes, qui se comporteraient l'une par rapport à l'autre comme les deux armatures d'un condensateur.

La principale objection que l'on peut faire à cette théorie est que, si elle était vraie, l'intensité des effets devrait varier en raison inverse du cube des distances ; les communications ne pourraient par suite être établies qu'à de très courtes distances. De plus, dans le cas de deux antennes de 60 m placées au niveau de la mer à une distance de 200 km, la ligne qui joint les sommets passe à 500 ou 600 m au-dessous du niveau de la mer. Il est bien difficile de se rendre compte de ce que peut alors représenter la capacité de ces deux antennes, entre lesquelles est intercalée une masse conductrice aussi considérable, faisant partie du circuit.

M. Broca admet que l'énergie utilisée est celle qui est concentrée le long de l'antenne. Or, d'après un théorème établi par Poynting, le flux d'énergie est dirigé normalement au plan qui contient les deux forces magnétique et électrique, et par conséquent se propage le long du fil. M. Broca admet qu'à l'extrémité de l'antenne, la force électrique reste normale au conducteur, tandis que la direction de la force magnétique est indéterminée. Il y aurait donc flux d'énergie dans un plan normal à la force électrique, c'est-à-dire qu'au sommet, le flux d'énergie se disperserait suivant une nappe horizontale.

Si ce raisonnement était exact, il suffirait de plier à 90° l'extrémité supérieure de l'antenne pour empêcher toute propagation : l'expérience démontre qu'il n'en est pas ainsi.

Étant donné qu'il existe autour de la terre des surfaces équipotentielles du champ qu'elle produit, M. Bloch-mann suppose que la production d'oscillations dans une antenne verticale a pour effet de modifier ces surfaces équipotentielles. Ces perturbations se faisant encore sen-tir autour de l'antenne de réception, le potentiel de celle-ci sera également modifié et le cohéreur actionné. En réalité, cette théorie n'est autre chose que la théorie de la propagation des ondes hertziennes dans l'air.

La théorie de M. Villot est uniquement basée sur la conductibilité du sol, et son auteur fonde même sur cette conductibilité tout un nouveau système de télégraphie sans fil.

Les nombreuses expériences que nous avons faites ne nous ont jamais permis de constater que la télégraphie sans fil utilisât directement la conductibilité du sol. Nous indiquerons plus loin les faits qui semblent le démontrer nettement.

M. Righi ne donne pas, à proprement parler, la théorie des phénomènes qui interviennent dans la télégraphie sans fil. Il admet seulement, après M. Della Riccia, qu'il y a propagation d'ondes hertziennes, et que celles-ci sont certainement réfléchies par le sol. L'effet produit sur l'appareil récepteur est celui qui résulte de l'interférence entre les ondes directes et les ondes réfléchies.

Avec le dispositif ordinaire décrit plus haut, la ré-flexion des ondes complétera en quelque sorte l'oscilla-tion, en ajoutant à l'antenne existante son image élec-trique. Cette dernière idée avait déjà été émise par M. Blondel, comme on le verra ci-après.

M. Blondel admet que le phénomène est un mélange de plusieurs effets dont l'un ou l'autre prédomine suivant le cas. Tout d'abord, l'antenne mise à la terre constitue avec celle-ci un oscillateur très puissant par sa capacité

et très efficace par la façon dont il polarise les ondes.
Des oscillations électriques se produisent le long de l'antenne à laquelle la force électrique est normale et ébranlent l'éther voisin. De là naissent des ondes qui se propagent dans tout l'éther environnant ; elles sont polarisées et de révolution autour de l'antenne. Les lignes de force électriques sont dans des plans méridiens et aboutissent normalement à la terre ; le sol prenant un rôle de miroir par rapport à l'antenne, le système antenne-terre est équivalent à un excitateur de Hertz vertical, de longueur double. Les lignes de force magnétiques sont des cercles ayant l'antenne pour axe, et celles qui sont près du sol semblent glisser le long de sa surface ; mais, par suite de cette polarisation et de l'effet de concentration maxima de l'énergie dans le plan équatorial, la densité électrique sera plus forte à sa surface qu'à une certaine distance. L'antenne réceptrice, coupée aux divers points de sa hauteur par les lignes de force magnétiques, est le siège d'une force électromotrice résultante, proportionnelle à l'intensité du champ et à la rapidité des oscillations qui agissent sur le cohéreur.

Aucune de ces théories n'est absolument satisfaisante, car toutes sont impuissantes à expliquer un plus ou moins grand nombre de faits constatés par l'expérience.

Il serait certainement prématuré de chercher actuellement à établir une théorie complète de la télégraphie sans fil, rendant compte de tous les faits connus et permettant d'en prévoir d'autres. Car, non seulement les phénomènes observés ne sont pas tous expliqués, mais chaque jour l'expérience en fait apparaître de nouveaux. On ne peut donc que se borner, pour le moment, à les recueillir et à les classer, jusqu'à ce qu'ils soient assez nombreux pour permettre de formuler des lois et en déduire une théorie générale.

Il n'est pas sans intérêt cependant de considérer dès à

présent un cas purement théorique, très éloigné sans doute de la réalité, mais pouvant peut-être servir de point de départ pour la future théorie.

Considérons une antenne verticale et admettons que la terre constitue un conducteur parfait, limité par une surface plane. Les ondes sont alors réfléchies par le sol, de sorte que les choses se passent comme si l'on avait dans l'espace un oscillateur de Hertz formé par l'antenne et son image. C'est la théorie de M. Blondel. Les lignes de force électriques partant d'un point de l'antenne, aboutissent sur l'image au point symétrique en formant des surfaces de révolution. Elles sont donc normales à la surface du sol et, à une certaine distance, on peut considérer la propagation comme s'effectuant par des ondes cylindriques.

Quant aux lignes de force magnétiques, elles forment des cercles ayant leurs centres sur l'antenne d'émission et allant en s'élargissant. Il arrive donc un moment où elles rencontrent l'antenne de réception.

Considérons un point situé sur le sol à une distance ρ du pied de l'antenne, et prenons celle-ci comme axe des z. Soit φ l'angle que forme la direction ρ avec la ligne qui joint les pieds des deux antennes que nous prendrons comme axe des x. Les coordonnées du point considéré sont :

$$x = \rho \cos \varphi \qquad y = \rho \sin \varphi \qquad z = 0.$$

Appliquons à ce point les équations de Maxwell (9) et (10) en admettant que l'air est un isolant parfait, c'est-à-dire que $C = 0$.

On a alors :

$$X = 0, \ Y = 0, \ N = 0,$$

et les équations se réduisent à :

$$\frac{d\mathrm{L}}{dt} = \frac{d\mathrm{Z}}{dy} \qquad \frac{d\mathrm{M}}{dt} = -\frac{d\mathrm{Z}}{dx} \qquad (33)$$

$$\frac{1}{u^2} \frac{d\mathrm{Z}}{dt} = \frac{d\mathrm{L}}{dy} - \frac{d\mathrm{M}}{dx}. \qquad (34)$$

La variable x étant une fonction de ϱ et de φ, on a :

$$\frac{dZ}{dx} = \frac{dZ}{d\varrho} \cdot \frac{d\varrho}{dx} + \frac{dZ}{d\varphi} \cdot \frac{d\varphi}{dx}.$$

Comme la composante Z ne dépend que de la distance ϱ, la dérivée $\dfrac{dZ}{d\varphi}$ est nulle. D'autre part, en différentiant la valeur de ϱ^2 par rapport à x, on obtient :

$$\frac{d\varrho}{dx} = \cos \varphi.$$

On a par suite :

$$\frac{dZ}{dx} = \frac{dZ}{d\varrho} \cos \varphi.$$

On déterminerait de même la valeur de $\dfrac{dZ}{dy}$, de sorte que les équations (33) peuvent s'écrire :

$$\frac{dL}{dt} = \frac{dZ}{d\varrho} \sin \varphi \qquad \frac{dM}{dt} = -\frac{dZ}{d\varrho} \cos \varphi. \quad (35)$$

D'autre part, si h et h' représentent les forces électrique et magnétique au point considéré, on a :

$$Z = h \qquad L = h' \sin \varphi \qquad M = -h' \cos \varphi,$$

de sorte que les équations (35) se réduisent à :

$$\frac{dh'}{dt} = \frac{dh}{d\varrho}. \quad (36)$$

Quant à l'équation (34), on peut l'écrire :

$$\frac{1}{u^2} \frac{dh}{dt} = \frac{dL}{d\varrho} \cdot \frac{d\varrho}{dy} + \frac{dL}{d\varphi} \cdot \frac{d\varphi}{dy} - \frac{dM}{d\varrho} \cdot \frac{d\varrho}{dx} - \frac{dM}{d\varphi} \cdot \frac{d\varphi}{dx}.$$

Nous avons v   us haut que de la valeur de ϱ^2 on déduit :

$$\frac{d\varrho}{dx} = \cos \varphi \qquad \frac{d\varrho}{dy} = \sin \varphi.$$

De même, en différentiant les valeurs de x et de y, on a :

$$\frac{d\varphi}{dx} = -\frac{\sin \varphi}{\rho} \qquad \frac{d\varphi}{dy} = \frac{\cos \varphi}{\rho}.$$

Enfin les valeurs de L et de M donnent :

$$\frac{dL}{d\varphi} = h' \cos \varphi \qquad \frac{dM}{d\varphi} = h' \sin \varphi.$$

On obtient alors, toutes réductions faites :

$$\frac{1}{u^2} \frac{dh}{dt} = \frac{dL}{d\rho} \sin \varphi - \frac{dM}{d\rho} \cos \varphi + \frac{h'}{\rho}.$$

Différentions par rapport à t, on a :

$$\frac{1}{u^2} \frac{d^2 h}{dt^2} = \frac{d^2 L}{d\rho\, dt} \sin \varphi - \frac{d^2 M}{d\rho\, dt} \cos \varphi + \frac{1}{\rho} \frac{dh'}{dt},$$

ou, en tenant compte de (36) :

$$\frac{1}{u^2} \frac{d^2 h}{dt^2} = \frac{d^2 h}{d\rho^2} + \frac{1}{\rho} \frac{dh}{d\rho}.$$

Si l'on admet que h est une fonction périodique de fréquence m, on a :

$$\frac{d^2 h}{dt^2} = - m^2 h = - u^2 q^2 h;$$

donc enfin :

$$\frac{d^2 h}{d\rho^2} + \frac{1}{\rho} \frac{dh}{d\rho} + q^2 h = 0. \qquad (37)$$

Cette équation, connue sous le nom d'équation de Bessel, donnerait la valeur de h à la distance ρ. L'équation (36) permettrait ensuite de calculer h'.

Dans le cas qui nous occupe, on peut obtenir une solution approchée, au moins pour les grandes distances, en partant de la formule de Laplace.

Soit m le point du sol considéré, que nous supposerons sur l'axe des x (fig. 13). Prenons sur l'antenne un point situé à une hauteur z au-dessus du sol. L'action dh' exercée par l'élément de courant idz sur un pôle

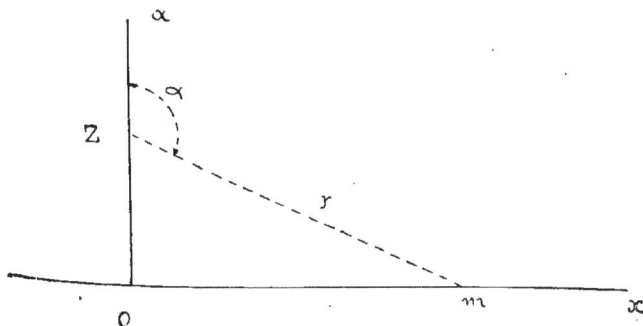

Fig. 13.

magnétique égal à l'unité, placé en m, est dans le système électro-magnétique :

$$dh' = \frac{idz \sin \alpha}{r^2}$$

en désignant par r la distance zm et par α l'angle azm. Mais, si nous supposons le point m assez éloigné de o pour que la distance r puisse être considérée comme constante pour tous les points de l'antenne, cela revient à faire :

$$r = om = x \qquad \sin \alpha = 1.$$

On a alors :

$$dh' = \frac{idz}{x^2}.$$

Or, nous avons vu que l'intensité dans l'antenne, donnée par la relation (32), est de la forme :

$$i = i_0 \cos qz \sin mt.$$

Par suite, si a est la hauteur totale de l'antenne, on a pour la valeur h' de la force magnétique au point m :

$$h' = \frac{i_0 \sin mt}{x^2} \int_0^a \cos qz \, dz,$$

ou, en remarquant que $\sin qa = 1$,

$$h' = i_0 \frac{\sin mt}{qx^2}.$$

D'autre part, la formule (36) nous donne pour un point de l'axe des x :

$$\frac{dh}{dx} = \frac{dh'}{dt} = i_0 \frac{m \cos mt}{qx^2},$$

d'où, en remarquant que $\dfrac{m}{q} = u$,

$$h = i_0 u \cos mt \int \frac{dx}{x^2} = -\frac{i_0 u \cos mt}{x}. \qquad (38)$$

Le calcul exact serait beaucoup plus complexe ; car, en réalité, le temps t est une fonction de x, puisque l'induction magnétique n'est pas instantanée et se propage avec la vitesse u. Par suite, pour obtenir la valeur de h' au temps t, il aurait fallu considérer l'état de l'antenne au temps $t - \dfrac{x}{u}$. On obtiendrait alors un résultat analogue à celui que donnerait l'intégration de l'équation (37).

M. Slaby semble avoir considéré comme suffisant le degré d'approximation que donne la formule (38). Cette formule montre en effet que la force électrique au pied de l'antenne de réception est proportionnelle à $i_0 \dfrac{u}{x}$. Or, la valeur de i_0 donnée par la formule (32) est elle-même proportionnelle à u. Si l'on remarque que la vitesse u est égale à $\dfrac{4a}{T}$, on voit qu'en définitive la valeur de h est proportionnelle à $\dfrac{a^2}{x}$. Ce résultat est celui donné par M. Slaby, mais il n'implique pas nécessairement le parallélisme des antennes. On verra ci-après qu'il est d'accord avec l'expérience.

Remarques relatives au rôle de l'antenne. — La nécessité de disposer l'antenne verticalement, ou plutôt dans une situation telle que les deux extrémités soient à des distances différentes du sol, a été reconnue très nettement par tous les expérimentateurs. Des essais ont été faits au moyen d'antennes horizontales, mais les communications n'ont pu être établies qu'à de très courtes distances [1]. Suivant les explications données par M. Righi, ce fait doit être attribué à l'interférence des ondes émises directement par l'antenne et de celles réfléchies par le sol. On a alors proposé de placer l'antenne horizontale à une distance du sol égale au quart de la longueur d'onde. Mais on n'aurait que peu d'avantage à adopter cette disposition, les longueurs d'ondes employées en télégraphie sans fil étant de l'ordre de 100 m ou plus. Cependant, aucun essai n'a jamais été fait, à notre connaissance. D'ailleurs les nombreux obstacles que rencontrent les ondes émises à faible distance du sol gêneraient considérablement leur propagation, si on choisissait une faible longueur d'onde, c'est-à-dire si l'on se plaçait à petite distance du sol.

En ce qui concerne le degré d'inclinaison de l'antenne sur la verticale, nous avons nettement constaté que cette inclinaison pouvait être supérieure à 50° ou 60°, sans qu'il en résulte une différence notable dans les communications. L'inclinaison des antennes l'une par rapport à l'autre n'a également qu'une importance secondaire. Il y a cependant un très léger avantage à placer les antennes parallèlement, dans deux plans perpendiculaires à la ligne des postes.

On a reconnu que les communications pouvaient être établies à des distances d'autant plus considérables que la hauteur des antennes, c'est-à-dire leur projection ver-

---

1. Cependant, MM. Jehenne et Martin sont parvenus à communiquer à 90 km avec des antennes de 60 m de longueur, disposées l'une verticalement dans le premier poste, l'autre horizontalement dans le deuxième.

ticale, était plus grande. MM. Marconi et Gavey ont établi la relation empirique suivante entre les hauteurs d'antennes et les distances franchies, toutes autres choses égales d'ailleurs :

$$H = \alpha \sqrt{D};$$

avec les premiers appareils de M. Marconi, α était égal à o,15, H et D étaient exprimés en mètres, les essais étant faits entre stations séparées par la mer, et les antennes de réception et de transmission étant égales.

Lorsqu'on augmente la hauteur d'antenne de transmission, en employant une bobine déterminée, on remarque que la longueur de l'étincelle qu'il est possible d'obtenir à l'oscillateur décroît à peu près dans la même proportion. Ce résultat s'explique par le fait qu'à partir d'une certaine hauteur, les capacités d'antennes augmentent à très peu près proportionnellement aux hauteurs.

D'autre part, on a également constaté que, toutes autres choses égales d'ailleurs, les distances franchies étaient d'autant plus considérables que la longueur d'étincelle était plus grande, à condition que cette dernière fût parfaitement oscillante. Ce résultat pouvait être prévu, car l'énergie mise en jeu dans la charge d'un condensateur augmente comme le carré du potentiel de charge. Toutefois, la loi d'augmentation des distances est mal connue.

On a remarqué qu'il y avait un certain avantage à relier l'antenne au pôle négatif de la bobine, le positif étant à la terre. L'étincelle que l'on peut obtenir est moins longue, mais plus franchement oscillante. On reconnaît ce dernier fait à ce que l'étincelle est blanche, rectiligne et très bruyante.

On s'aperçoit plus facilement que l'on est arrivé à cette qualité de l'étincelle, en la faisant jaillir entre une très petite sphère et un plateau, ce dernier étant relié à l'antenne.

En ce qui concerne l'influence du diamètre des antennes, nous avons constaté qu'elle est très faible, tant que le diamètre ne dépasse pas quelques centimètres. Mais avec des tuyaux métalliques de 1 m ou 1,50 m de diamètre, elle devient considérable. M. Marconi a pu communiquer entre des stations distantes de 40 ou 50 km, avec des tuyaux de ces dimensions et d'une hauteur de 8 m environ, alors qu'avec des antennes filiformes, la hauteur nécessaire était de 25 à 30 m.

Les antennes composées d'un grand nombre de fils, très étalés, sont incomparablement plus efficaces que des antennes à fil unique ; c'est ainsi que nous avons pu communiquer, sur terre, à 17 km avec des antennes de 6 m de hauteur.

La disposition des fils composant une antenne n'a pas une grande importance pourvu que l'espace embrassé par la totalité de l'antenne soit le plus grand possible.

M. Blondel a proposé l'emploi de deux antennes ayant chacune une longueur de un quart d'onde et placées à une distance l'une de l'autre égale à une demi-onde. On obtient ainsi, aussi bien à la réception qu'à la transmission, un renforcement dans un plan déterminé avec un minimum d'effet dans un plan perpendiculaire.

Remarques relatives au rôle de la terre. — Les premiers essais de M. Marconi ont été faits en reliant chacun des pôles de l'oscillateur à une antenne, l'ensemble du dispositif n'ayant aucune communication avec le sol, mais les distances franchies furent peu considérables. Elles augmentèrent dans de grandes proportions lorsqu'une des antennes fut supprimée et remplacée par une liaison avec la terre. Actuellement encore, on n'a pas trouvé de dispositif pratique permettant d'obtenir sans liaison avec le sol des résultats équivalents, toutes choses égales d'ailleurs, à ceux que l'on obtient lorsqu'on utilise la terre. Bien des hypothèses ont été émises pour expliquer le rôle de cette dernière ; l'une des plus répandues consiste à admettre que la terre joue un rôle de conduction entre les antennes transmettrice et réceptrice.

Nous avons essayé de supprimer complètement toute communication avec le sol à la transmission, en employant le montage ordinaire, décrit plus haut. Ainsi qu'il fallait s'y attendre, avec un oscillateur à petites sphères, on ne pouvait obtenir d'étincelles oscillantes qu'à la condition de remplacer la prise de terre par de larges plaques métalliques. Les plaques employées avaient environ 5 m carrés en comptant les deux faces ; elles avaient été placées horizontalement d'abord, verticalement ensuite, et suspendues à 2,50 m du sol au moyen de cylindres d'ébonite. Pour obtenir sur un récepteur placé à 12 km une action comparable à celle obtenue au moyen d'une transmission avec antenne filiforme de 15 m et prise de terre, il a fallu donner à l'antenne de transmission une hauteur de 30 m environ, lorsque la terre était remplacée par les feuilles métalliques, toutes autres choses égales d'ailleurs.

Lorsqu'on supprimait aussi la prise de terre à la réception, il devenait également nécessaire de presque doubler la hauteur de l'antenne de réception.

Les communications furent plus faciles à établir lorsqu'on supprimait la prise de terre à la réception seulement ; il suffisait alors d'augmenter la hauteur de l'antenne de réception d'environ moitié.

Sans rien changer aux hauteurs des antennes, il était possible de communiquer, sans terre à la réception et avec terre à la transmission, à une distance supérieure à la moitié de celle que l'on pouvait franchir avec prise de terre. Par exemple : avec deux antennes de 100 m de longueur, soutenues par des ballonnets, la transmission étant faite avec 1 cm d'étincelle et prise de terre, on recevait sans terre à 34 km, alors que la ligne joignant les sommets des antennes était à peu près tangente aux accidents du terrain interposé. Avec prise de terre à la réception, la communication était encore possible à 100 km, les antennes étant entièrement masquées. Au bord de la mer, dans des conditions analogues, mais avec antennes de 40 m seulement, la réception était encore possible sans terre à 35 ou 40 km.

D'autres expériences furent entreprises dans le but de juger de la répartition du champ en hauteur. La transmission était encore faite au moyen d'une antenne de 100 m de long et d'une étincelle de 1 cm. Le récepteur fut d'abord installé dans la nacelle d'un ballon captif, placé à 20 km du premier, et muni d'une antenne pendante de 200 m de longueur. Cette antenne était reliée à une borne du cohéreur, l'autre borne étant entièrement libre, sans communications extérieures au récepteur. Le ballon put être élevé à la hauteur maximum, 800 m environ, sans que la réception fût interrompue. Lorsque l'antenne n'avait que 100 m, la réception cessait à environ 400 m.

L'antenne de transmission fut alors réduite à 50 m de longueur, celle de réception ayant encore 100 m. La réception fut encore possible jusqu'à 800 m de hauteur, mais elle n'eut lieu à aucune hauteur lorsque l'antenne réceptrice fut réduite à 50 m.

Des expériences analogues furent faites à plusieurs reprises en ballon libre et donnèrent des résultats semblables : lorsque le ballon était à trop grande hauteur, on perdait le contact, mais celui-ci était repris aussitôt que le ballon s'abaissait. La réception était améliorée lorsqu'on reliait des plaques métalliques à la borne libre du cohéreur.

Il semble que l'on peut tirer de ces résultats expérimentaux les conclusions suivantes. Le rôle de la terre est tout d'abord de donner à l'antenne de transmission une capacité suffisante pour que l'on puisse réaliser des oscillations puissantes ; la longueur de l'antenne est alors d'un quart d'onde. A la réception, la mise à la terre de l'antenne a pour effet de maintenir une des bornes du cohéreur au potentiel zéro, de manière à le rendre sensible aux moindres variations de potentiel résultant des oscillations produites dans l'antenne.

En second lieu, le champ est concentré à la surface du sol, dans une zone relativement peu élevée, et l'augmentation de hauteur de l'antenne a pour résultat d'augmenter l'épaisseur de cette zone.

Les ondes se déplaceraient donc en glissant à la surface du sol, quelle que soit d'ailleurs la forme de cette surface. Toutefois, la terre ne constituant pas un conducteur parfait, les ondes pénétreraient dans le sol, d'autant plus profondément qu'elles rencontreraient des obstacles sous une plus grande incidence et que ces obstacles seraient eux-mêmes moins bons conducteurs. Ainsi s'expliquerait ce fait d'expérience que la transmission se fait mieux sur la mer que sur la terre, la mer offrant une surface à la fois plus régulière et plus conductrice.

Influence de l'électricité atmosphérique. — L'affaiblissement dû à la distance et aux aspérités du sol n'est pas la seule cause des difficultés que présente la réception. Il faut y joindre encore les perturbations provenant de l'électricité atmosphérique.

Les quelques observations méthodiques que nous avons pu faire nous ont conduits à classer ces perturbations en trois catégories :

1° Enregistrement des décharges oscillantes causées par des coups de foudre. Cet effet se fait sentir à des distances considérables. Nous avons, en particulier, enregistré dans les environs de Paris tout un orage qui se produisait à Angers, à près de 400 km ; le ciel était absolument pur à Paris. Les signaux parasites tracés sur la bande du Morse consistent généralement en un ou deux points, plus rarement un trait quand l'orage est très voisin; mais il est alors prudent de retirer les appareils du circuit. Ces signaux sont les moins gênants pendant la réception de télégrammes.

On a basé sur la production de ces signaux un système destiné à prévenir les agriculteurs de l'approche des orages. Les résultats obtenus ne sont pas encore bien concluants; car à ces signaux d'orage se mêlent des signaux d'autres origines, comme on le verra ci-après.

2° Variations du potentiel de la prise de terre et de l'antenne, causées par les variations du champ terrestre. Ces variations sont parfois très lentes et ne donnent lieu qu'à des signaux parasites très espacés, souvent régulièrement. D'autres fois ces variations sont brusques et fréquentes, et donnent lieu à de nombreux points ou traits; ce fait se produit, par exemple, au moment du passage de nuages électrisés.

On observe aussi généralement l'apparition de signaux nombreux au moment du coucher du soleil, moment qui correspond en effet à une variation brusque du potentiel terrestre.

La mise directe de l'antenne de réception à la terre, comme dans les nouveaux dispositifs Marconi et Slaby, permet d'éviter une faible partie de ces perturbations, celles qui se produisent lentement. La charge acquise dans ce cas par l'antenne s'écoule au fur et à mesure à la terre, sans variation brusque.

3° Enfin il semble qu'il y ait une certaine relation entre les variations de température et la production des signaux parasites. Toutefois, la loi est loin de ressortir nettement des observations faites jusqu'à présent. En Europe, il semble que ces signaux acquièrent leur maximum d'intensité pendant la partie chaude du jour. En particulier, pendant les expériences de M. Marconi entre Antibes et Calvi (page 212), il n'était plus possible de communiquer après 10 heures du matin, en raison de l'intensité des signaux parasites qui duraient jusqu'au soir.

Les études faites au Congo, en 1902, par M. Magne,
l'on conduit aux mêmes conclusions ; il a observé des
perturbations pendant 157 jours sur 175, mais grâce au
dispositif imaginé par lui, que nous indiquons ci-après,
cette proportion a pu être réduite notablement.

C'est également pendant la nuit qu'ont eu lieu les
transmissions faites à grande distance à travers l'Atlantique par M. Marconi.

Au contraire, dans l'installation de télégraphie sans fil
qui fonctionne actuellement entre la Martinique et la

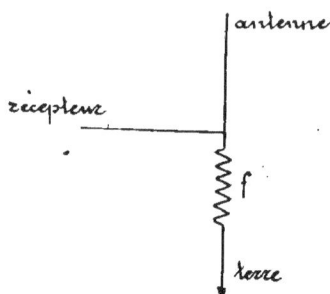

Fig. 14.

Guadeloupe, on a reconnu l'impossibilité de communiquer la nuit, les signaux parasites se produisant principalement entre le coucher et le lever du soleil.

Toutes les influences que l'on vient d'énumérer se font
sentir d'autant plus que l'antenne est plus haute et que
les cohéreurs sont plus sensibles, et l'emploi de cohéreurs
peu sensibles permet d'en éviter une très notable partie.
Ce fait semble prouver que les variations du champ terrestre ne se traduisent que par une faible variation du
potentiel entre l'antenne et le sol, la différence de tension
critique entre un cohéreur sensible et un cohéreur peu
sensible étant de l'ordre de 1 volt (page 154). L'emploi
de cohéreurs munis de potentiomètres permettrait peut-
être de mesurer en quelque sorte quantitativement l'effet

des diverses influences dont il est question ci-dessus et de
le traduire en différence de potentiel entre le sol et l'antenne.

On a imaginé un certain nombre de dispositifs pour
empêcher l'action de ces influences perturbatrices natu-
relles. Bien qu'aucun de ces procédés n'ait une efficacité
absolue, nous citerons les plus intéressants.

Le dispositif Voisenat-Tissot consiste à mettre directement l'antenne à la terre à travers une self f (fig. 14) convenablement choisie.

M. Magne a obtenu de bons résultats en intercalant

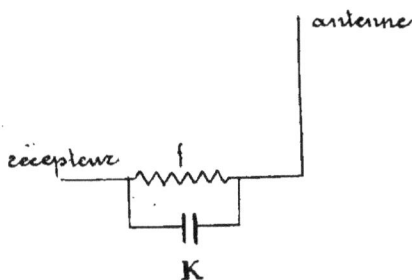

Fig. 15.

entre l'antenne et le récepteur (fig. 15) une self f et un
condensateur K réglable. On crée ainsi deux voies pour
les oscillations de l'antenne et on conçoit que l'on puisse
faire interférer les oscillations parasites de manière à
annuler leur effet sur le récepteur, alors que les oscillations utiles qui ont une longueur d'onde différente, n'interfèrent pas complètement et agissent sur le récepteur.

On pourrait également remplacer le condensateur par
une deuxième self réglable.

Le dispositif Mounier consiste à employer une deuxième
antenne, beaucoup moins haute que la première et à la
faire agir sur le récepteur en sens inverse de celle-ci (au
moyen d'un deuxième primaire du jigger enroulé en sens
inverse du premier, par exemple). Les signaux parasites

sont aussi reçus par les deux antennes et annulent leurs effets sur le récepteur, les signaux utiles sont perçus seulement par l'antenne élevée.

MM. Jehenne et Martin emploient des procédés analogues aux deux premiers, mais avec des résistances liquides.

En réalité, le procédé le plus efficace consiste à transmettre avec une énergie très considérable, ce qui permet de n'employer que des récepteurs très peu sensibles.

CHAPITRE VI

SYNTONISATION

Nous avons vu que les longueurs d'onde des mouvements vibratoires produits dans les deux antennes dépendent des longueurs et des dimensions respectives de ces antennes. Il était donc naturel de penser que l'utilisation de l'énergie atteindrait son maximum si les deux mouvements vibratoires étaient accordés de manière à avoir la même longueur d'onde.

Le principal avantage que l'on espérait tirer de cet accord, auquel on a donné le nom de *syntonie*, était le suivant. L'antenne étant réglée pour des ondes de longueur déterminée, on pensait qu'elle resterait muette pour toutes les autres, ce qui permettrait de réaliser plusieurs transmissions simultanées, sans qu'elles se gênassent mutuellement. En outre, la surprise des communications devait être rendue plus difficile, puisqu'elle nécessitait l'accord préalable de la réception sur la transmission.

Malheureusement ces espérances ne se sont pas entièrement réalisées; ainsi que nous le verrons plus loin, la syntonie n'est jamais assez complète au moins dans un certain rayon, pour empêcher une station même syntonisée de recevoir les signaux qui ne lui sont pas destinés. Mais si imparfaite qu'elle soit jusqu'à présent, la syntonie n'en constitue pas moins un perfectionnement important pour la télégraphie sans fil, car en améliorant le rendement du système, considéré comme une transmission d'énergie, elle a permis d'augmenter les portées dans des proportions considérables.

Aussi la syntonisation a-t-elle été le but poursuivi par tous les expérimentateurs. Il en résulte qu'en décrivant ci-après les divers dispositifs imaginés pour réaliser la syntonie, nous ferons connaître en même temps les diffé-rents montages proposés pour les postes de télégraphie sans fil.

La première tentative de syntonisation est due à MM. Lodge et Muirhead ; toutefois, leurs dispositifs, peu pratiques d'ailleurs, ne paraissent pas avoir donné de bien bons résultats. Le principe consistait à rendre identiques les circuits de réception et de transmission. Mais il avait le grave défaut de ne pas faire entrer en ligne de compte les perturbations introduites par la présence de l'étincelle dans le circuit transmetteur, et par celle du cohéreur dans le circuit récepteur.

Premier dispositif Marconi.

M. Marconi reprit l'idée précédente avec ses défauts, mais il améliora la réception de la manière suivante. On a vu qu'une antenne reliée au sol entre en vibration, sous l'action du champ produit par la transmission, de manière à présenter un nœud d'intensité au sommet et un ventre au sol. On a donc, dans ce cas, un mouvement vibratoire de même période que celui de la transmission, les antennes étant égales, et en supposant bien exacte la règle du quart d'onde égal à la longueur d'antenne de la transmission.

M. Marconi a mis cette idée à profit en intercalant sur l'antenne de réception au voisinage du sol le primaire P, très court, d'un petit transformateur dont le secondaire S était intercalé dans un circuit comprenant le cohéreur C et un condensateur K (fig. 16 et 17). Deux bobines d'impédance f empêchent toute dérivation des oscilla-tions par le circuit du relais.

Le primaire du transformateur se trouvant à un ventre

d'intensité, on aura dans le secondaire un maximum d'induction et par suite un maximum d'effet sur le cohéreur, si les enroulements sont convenablement choisis.

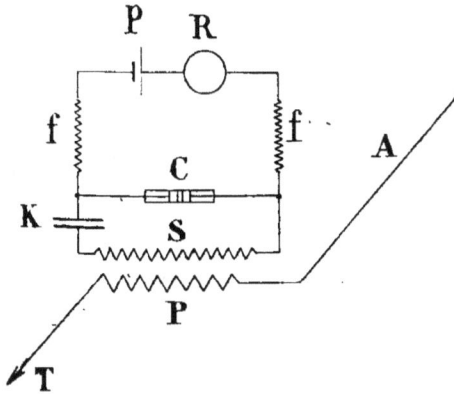

Fig. 16.

L'inventeur n'a donné aucune règle pour la construction de ces transformateurs ; les enroulements devaient être

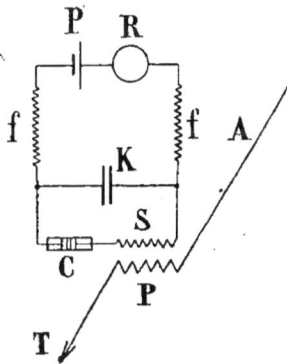

Fig. 17.

faits d'une manière spéciale et les longueurs de fils fonction des longueurs d'antenne.

La transmission n'avait pas été changée, aussi les résultats, bien qu'encourageants en raison de l'augmentation de la distance franchie, étaient loin d'être parfaits. En particulier, M. Marconi n'était jamais parvenu à régler ses appareils de manière qu'un récepteur n'enregistrât que les signaux transmis par un transmetteur déterminé et restât toujours muet pour ceux d'un autre transmetteur, alors même que ce dernier était réglé aussi par lui.

C'est avec ce dispositif que furent faites les expériences de la Manche en 1899 (voir page 206).

Dispositifs Braun.

M. Braun paraît être le premier qui ait songé à chercher le moyen de diminuer l'amortissement considérable

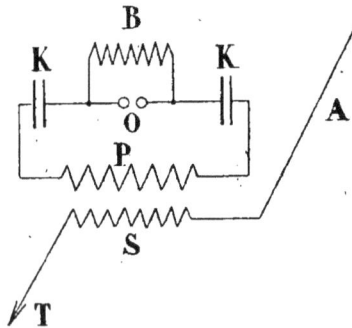

Fig. 18.

des oscillations de l'antenne de transmission ; de plus, il considère comme avantageux d'employer des oscillations de grande longueur d'onde, qui permettraient de mettre en jeu de plus grandes quantités d'énergie et d'obtenir des effets de diffraction plus considérables.

M. Braun a imaginé un assez grand nombre de dispositifs en vue d'obtenir ce résultat; nous ne décrirons que les plus intéressants.

Le premier (fig. 18) est caractérisé par ce fait que l'antenne est excitée par l'intermédiaire d'un transformateur. Les oscillations sont produites dans un circuit fermé comprenant : l'oscillateur O, relié à la bobine d'induction B, deux condensateurs K et le primaire P d'un transformateur d'Arsonval. Ce circuit a des éléments électriques bien déterminés et ne comporte que très peu de rayonnement. Les oscillations seront donc de période très nette. Elles induiront des oscillations de même période dans le secondaire S, relié d'une part à l'antenne et d'autre part à une capacité désignée sur la figure par la lettre T. Le rendement sera évidemment maximum, si les deux circuits

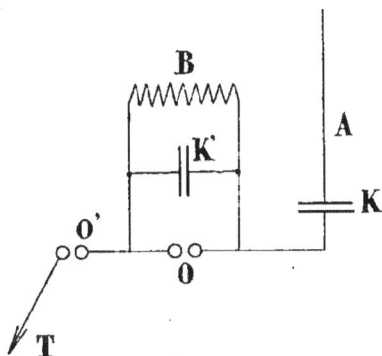

Fig. 19.

sont accordés, c'est-à-dire si le circuit fermé donne naissance à des oscillations de même période que celles qui prendraient naissance dans l'antenne si celle-ci était excitée directement.

Afin de pouvoir employer beaucoup d'énergie, il est nécessaire d'avoir de grandes capacités et par suite de grandes longueurs d'onde ; lorsque la longueur d'antenne est limitée, il suffit d'allonger le fil ST de manière à accorder le circuit de l'antenne sur la période choisie. M. Braun ne dit pas comment il s'assure que cet accord est réalisé.

Un deuxième dispositif consiste à exciter l'antenne

directement, mais en intercalant un condensateur K
(fig. 19). La période des oscillations produites est alors
réglée au moyen d'un condensateur K', mis en dérivation
sur l'oscillateur.

Enfin, un second oscillateur O' est embroché sur le fil
qui aboutit à la capacité T.

Ce dispositif paraît moins bon que le premier.

Le dispositif avec transformateur présente, en plus des
avantages déjà énumérés, celui de ne pas rendre l'antenne

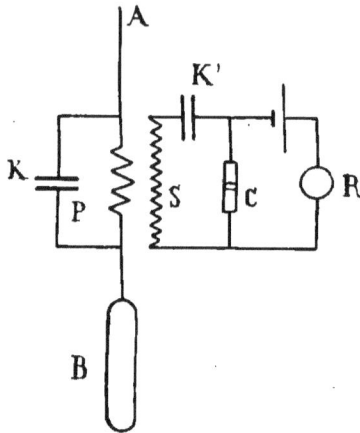

Fig. 20.

sinon dangereuse, tout au moins d'un contact très désagréable. On a en effet dans l'antenne des courants de
Tesla, qui ne provoquent que des sensations légères. De
plus, les défauts accidentels d'isolement de l'antenne deviennent moins graves.

Pour la réception, M. Braun emploie la disposition
suivante (fig. 20).

L'antenne A est reliée à la capacité B au travers du
primaire P d'un petit transformateur, dont le secondaire S
est lui-même relié aux deux bornes du cohéreur C par l'in-

termédiaire d'un condensateur K', qui évite la fermeture du circuit de la pile et du relais R.

L'accord est obtenu en agissant, d'une part, sur le condensateur K mis en dérivation au primaire P et, d'autre part, sur la longueur du secondaire S.

Ce montage est à peu près identique à celui de M. Marconi (fig. 16) avec cette seule différence que la terre est remplacée par la capacité B.

Deuxième dispositif Marconi.

Transmission. — M. Marconi, s'inspirant vraisemblablement des travaux de M. Braun, a adopté vers 1900 un

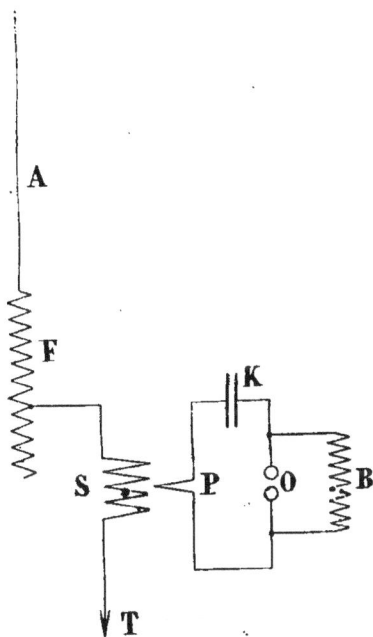

Fig. 21.

deuxième dispositif de syntonisation absolument analogue au précédent.

Le circuit où prennent naissance les oscillations se compose (fig. 21) : de l'oscillateur O, d'un condensateur K et du primaire P d'un petit transformateur, genre d'Arsonval. Le circuit rayonnant se compose de l'antenne A, d'une self variable F, du secondaire S du transformateur, relié d'autre part au.sol.

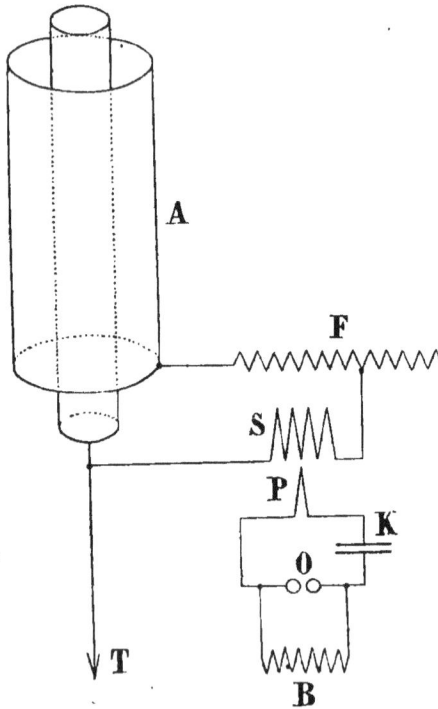

Fig. 22.

L'accord entre les deux circuits se fait en agissant sur le condensateur K de manière à faire varier la période, puis en ajoutant ou retranchant un certain nombre de spires de la self F pour parfaire cet accord. Quelquefois aussi on agit sur le mode d'enroulement et le nombre de tours du transformateur. Ce nombre de tours est, en général, très limité : un tour pour le primaire, de deux à six pour le secondaire.

L'inventeur a également employé, en vue d'augmenter la capacité du radiateur, des antennes constituées par deux larges cylindres métalliques concentriques, le cylindre intérieur étant relié à la terre (fig. 22).

Le montage d'ensemble est analogue au précédent.

Ce dispositif aurait permis de communiquer à 50 km en mer, au moyen de cylindres de 1ᵐ,25 de haut et de 0ᵐ,40 de diamètre.

Réception. — M. Marconi emploie, pour la réception, un dispositif qui a sur le premier (page 90) l'avan-

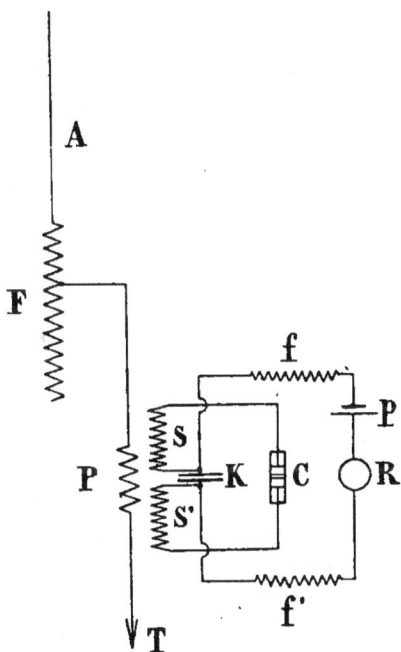

Fig. 23.

tage d'être symétrique et d'une conception théorique aisée.

Le circuit collecteur se compose, de l'antenne A (fig. 23), d'une self variable F embrochée sur l'antenne et du primaire P d'un transformateur genre d'Arsonval (jigger) qui est, comme dans le premier dispositif, placé au bas de l'antenne de manière à être situé à un ventre d'intensité. Le secondaire de ce transformateur est divisé en deux parties identiques SS', dont les extrémités intérieures sont reliées aux deux armatures d'un petit condensateur K et les extrémités extérieures aux bornes du cohéreur C. Le circuit pile-relais est également relié aux extrémités intérieures des demi-secondaires, par l'intermédiaire de deux bobines d'impédance ff'.

Pour accorder l'ensemble du récepteur sur la période des oscillations transmises, il est nécessaire de réaliser deux accords : 1° celui du circuit collecteur, comprenant l'antenne, la self F, le primaire P du jigger et la terre T; 2° celui du résonateur de Hertz constitué par les deux demi-secondaires SS', le condensateur K et le cohéreur C. Le cohéreur joue dans ce cas le rôle du micromètre du résonateur classique.

L'accord du circuit collecteur est facilement réalisé en choisissant une longueur d'antenne égale à celle de la transmission ; on complète le réglage en agissant sur la self F.

Pour accorder ensuite le résonateur fermé sur le cohéreur, il suffit de choisir les enroulements SS' de manière que chacun d'eux soit équivalent, en tenant compte de l'effet de l'enroulement, à un quart de la longueur d'onde transmise. La capacité du condensateur K a très peu d'importance. L'ensemble du résonateur sera donc équivalent à une demi-longueur d'onde de la transmission, il entrera par suite en vibration avec une énergie maximum ; les ventres de tension qui se forment à ses extrémités, c'est-à-dire au cohéreur, seront donc maximums ; on parfait parfois le réglage au moyen d'un petit condensateur réglable mis en dérivation sur le cohéreur. L'impédance des bobines *f* empêche une perte partielle de l'énergie par dérivation dans le circuit du relais.

C'est au moyen de dispositifs semblables que M. Marconi a réalisé ses premières communications à grande distance, et en particulier celle entre la France et la Corse (175 km) [voir page 212], et entre l'île de Wight et la pointe Lizard (300 km).

Double communication. — M. Marconi est même parvenu, dans certaines conditions d'installation et à des dis-

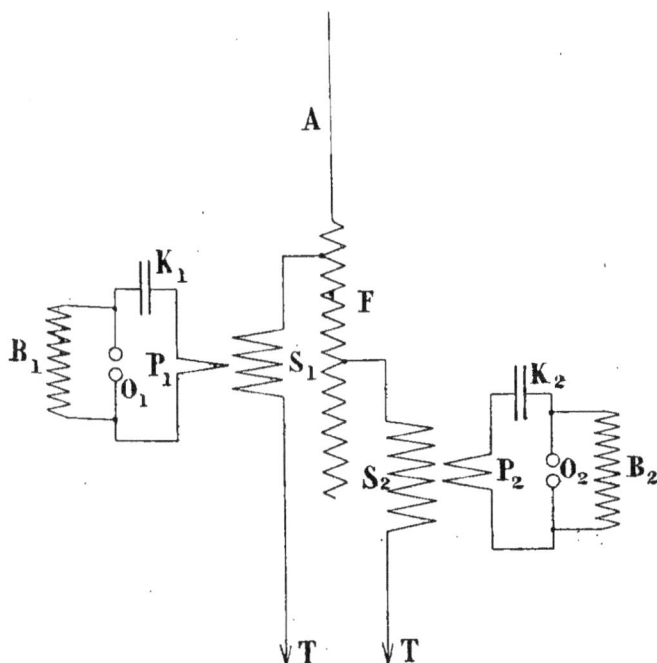

Fig. 24.

tances moyennes, à établir une double communication au moyen d'une même antenne, c'est-à-dire à transmettre et recevoir à la fois deux télégrammes distincts par la même antenne.

Le montage employé est celui décrit dans les figures 24 et 25. A la transmission, les deux secondaires S_1 et S_2 sont reliés à la même antenne et à la même prise de terre. L'un d'eux est relié directement à l'antenne et l'autre par l'intermédiaire d'une self réglable F. Les oscillations produites par chacun des transmetteurs sont de périodes très différentes.

L'antenne sera donc le siège de deux mouvements vi-

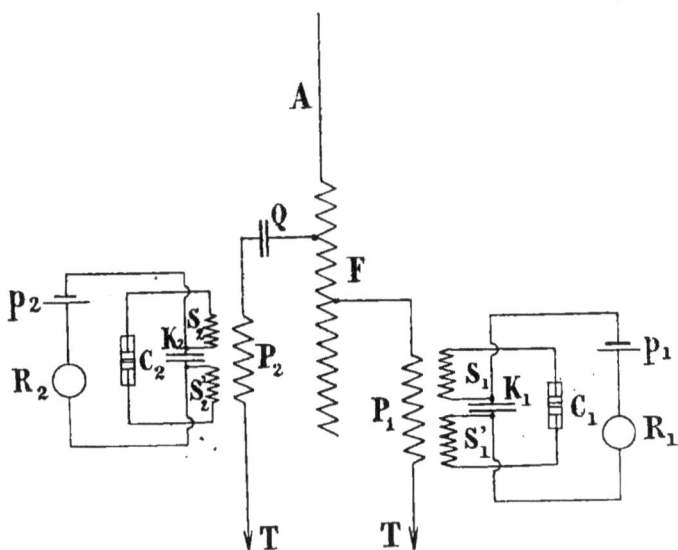

Fig. 25.

bratoires simultanés et distincts qui ne se gêneront pas mutuellement, en vertu du principe de la superposition des petits mouvements, de l'abbé Laborde. Toutefois, il convient de remarquer qu'une notable partie de l'énergie issue de chacun des transformateurs se perd ainsi dans le sol, par dérivation dans l'autre, et que l'énergie utilisée pour la radiation est réduite dans de fortes proportions.

Le montage pour la réception est absolument analogue (fig. 25). Les deux récepteurs sont accordés l'un après l'autre pour l'une ou l'autre des périodes ; de plus, une self F est intercalée sur le circuit du récepteur à ondes longues, et un condensateur Q sur le circuit du récepteur à ondes courtes. La self a pour effet de s'opposer au passage des ondes courtes à travers l'autre circuit, et le condensateur a le même effet pour les ondes longues. Il y a donc renforcement de l'effet sélectif.

Dans la pratique réelle, il y aurait certainement avantage à employer des antennes distinctes pour chaque transmetteur ou chaque récepteur.

Les réglages nécessités par ces dispositifs sont d'ailleurs très délicats et ne permettent leur emploi qu'à des distances limitées. La sélection entraîne en effet, comme on l'a vu, une grande perte d'énergie soit à la transmission, soit à la réception.

De plus, il convient de remarquer que M. Marconi n'a obtenu des résultats qu'en choisissant des périodes très différentes, et que les deux récepteurs pouvaient encore être influencés tous deux par une troisième transmission suffisamment énergique et placée à une distance encore assez considérable.

Même avec un seul récepteur syntonisé pour une période déterminée, la réception peut être troublée, en vertu de la résonance multiple, par une autre transmission faite dans un ton quelconque, pourvu que la distance ne soit pas trop grande. L'amortissement, quoique réduit, est en effet encore très grand.

Premiers dispositifs Slaby.

Transmission. — M. Slaby a successivement expérimenté un certain nombre de montages pour la transmission. Dans le premier de ces montages (fig. 26), le circuit radiateur était encore celui où prennent naissance les oscillations ; il se composait d'un oscillateur O, placé

aux bornes de la bobine d'induction B, d'un condensateur K, d'une bobine de self F et de deux antennes A et
H. Ce circuit était fermé par la terre. Il est difficile de
voir les avantages que pouvait présenter ce montage,
mais en revanche les inconvénients en sont évidents.
Tout d'abord les oscillations étant tout aussi amorties
que dans le montage ordinaire ; leur période est mal dé-

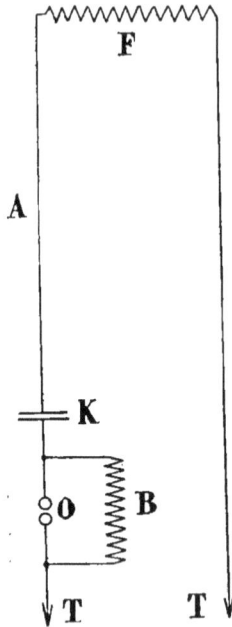
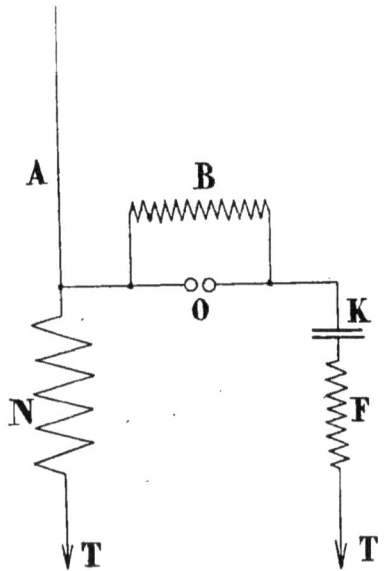

Fig. 26.   Fig. 27.

finie ; d'autre part, les effets des deux antennes A et H
sur le récepteur devaient se contrarier ; enfin si, pour
éviter ce dernier inconvénient, on donnait à F une grande
impédance, on retombait en réalité sur le montage ordinaire, avec cette différence qu'un condensateur est embroché sur l'antenne (ce que beaucoup d'expérimentateurs avaient déjà essayé, sans grand succès d'ailleurs).

M. Slaby a ensuite imaginé quelques autres montages

que l'on ne décrira pas, étant donné leur médiocre intérêt. L'inventeur les a du reste tous abandonnés pour le suivant (fig. 27).

Le circuit où prennent naissance les oscillations se compose de l'oscillateur O, placé en dérivation aux bornes de la bobine d'induction B, d'un condensateur K, d'une self F et d'une bobine à larges spires N ; ce circuit est fermé par le sol. Les oscillations sont donc de période bien déterminée.

L'antenne radiatrice est placée en dérivation sur ce circuit et prend, par suite, part au mouvement vibratoire. L'effet maximum est obtenu en réglant sa période propre sur celle des oscillations du circuit fermé.

Ce réglage se fait en augmentant ou diminuant sa longueur par un moyen quelconque, par exemple en ajoutant ou retranchant un certain nombre de spires de la bobine N, ou bien en modifiant la période des oscillations du circuit fermé par la variation du condensateur K et de la self F.

L'énergie utilisée par l'antenne radiatrice n'est vraisemblablement, dans ce montage, qu'une faible partie de l'énergie disponible, par suite du mode de liaison de l'antenne avec le sol.

Réception. — La solution imaginée par M. Slaby pour la syntonisation du récepteur sur la période transmise, est très élégante. Elle est basée sur le principe suivant[1].

Si l'on soumet une antenne A (fig. 28), reliée au sol à sa partie inférieure, à l'action d'un champ hertzien amorti, on a vu qu'en vertu de la résonance multiple, cette antenne devient le siège d'oscillations ayant la période

---

1. On remarquera que ce principe est le même que celui utilisé par M. Turpain dans son système de télégraphie multiplex par ondes hertziennes avec fil. M. Turpain, dont les travaux sont antérieurs à ceux de M. Slaby, a publié plusieurs études très intéressantes sur les champs hertziens interférents, dans lesquelles le principe susvisé et ses applications sont décrits en détail.

propre de l'antenne, et présentant un ventre de tension au
sommet et un nœud au sol. Si l'on prolonge cette antenne
par une dérivation D reliée à elle au voisinage du sol,
l'ensemble de l'antenne et de la dérivation sera le siège

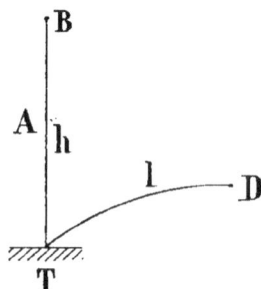

Fig. 28.

d'oscillations qui auront la période propre de cet ensemble, c'est-à-dire seront telles qu'il y aura un ventre de.

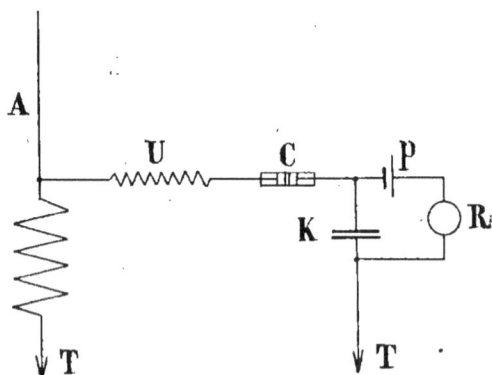

Fig. 29.

tension à chaque extrémité de l'ensemble, soit en D et
en B. Si la longueur *l* de la dérivation est choisie de manière qu'en l'ajoutant à la longueur *h* de l'antenne, on
ait la valeur d'une demi-longueur d'onde des oscillations
de la transmission, on aura un maximum d'utilisation de

l'énergie recueillie par l'antenne. En plaçant en D une
borne du cohéreur, dont l'autre borne est reliée au sol,
on a un maximum d'effet.

Dans la pratique, M. Slaby remplace la dérivation rectiligne D, par un résonateur Oudin U (fig. 29), dont le
nombre de spires est convenablement choisi, et qui,
comme on le sait, a pour résultat d'amplifier la tension,
grâce à un effet de self-induction et de capacité réparties.
La seconde borne du cohéreur C est reliée au sol par l'intermédiaire d'un condensateur K, destiné à éviter aux
oscillations l'impédance du relais R. De plus, une bobine
à larges spires est intercalée sur l'antenne, entre la dérivation et le sol pour parfaire le réglage.

Cet ingénieux dispositif de réception présente, comme
celui de transmission, l'inconvénient de n'utiliser qu'une
partie de l'énergie que peut recueillir l'antenne.

Double réception. — M. Slaby est parvenu à réaliser,
d'après le même principe, la réception simultanée de

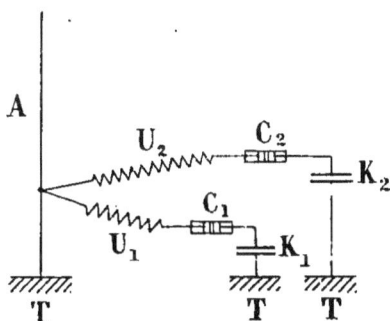

Fig. 3o.

deux télégrammes transmis par deux stations distinctes
au moyen d'oscillations de périodes très différentes.

Deux résonateurs U_1 et U_2 (fig. 3o), convenablement
choisis, étaient reliés à l'antenne. Chacun d'eux étant
réglé pour réaliser l'accord avec l'une des oscillations, le

cohéreur correspondant n'enregistrait que les signaux
transmis avec cette période accordée.

Les inconvénients signalés plus haut existent évidemment encore dans ce montage : perte d'énergie et insuffisance de la sélection. Il est infiniment probable que,
tout comme avec le dispositif Marconi, les deux récepteurs ci-dessus eussent été actionnés par des oscillations
transmises avec une période intermédiaire entre celles
pour lesquelles ils étaient réglés, ou même avec une pé-

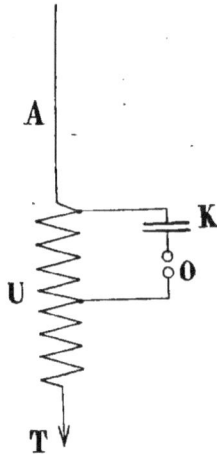

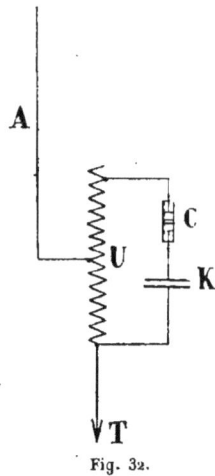

Fig. 31.   Fig. 32.

riode quelconque, à la condition d'augmenter l'énergie
employée à la transmission ou de réduire la distance.

Les expériences de double réception faites par
M. Slaby n'ont d'ailleurs eu lieu qu'à faible distance :
4 km et 12 km.

En résumé, malgré l'ingéniosité du récepteur, les
montages de M. Slaby paraissent inférieurs à celui de
M. Marconi ; ils n'ont jamais permis, à notre connaissance, d'obtenir des communications à aussi grande distance.

De plus, il convient de remarquer que, si M. Marconi

emploie des résonateurs d'Arsonval à la transmission et
à la réception, M. Slaby emploie des résonateurs Oudin,
également pour la transmission et la réception.

Cet emploi est rendu plus apparent dans les schémas
représentés par les figures 31 et 32, déduites des rensei-
gnements fournis par le *Journal télégraphique de Berne,*
que dans les schémas représentés par les figures 29 et 30
extraites des mémoires de M. Slaby.

Dispositif Rochefort.

M. Rochefort (fig. 33) a modifié le dispositif récepteur de M. Slaby, en remplaçant, ainsi qu'il l'avait pro-

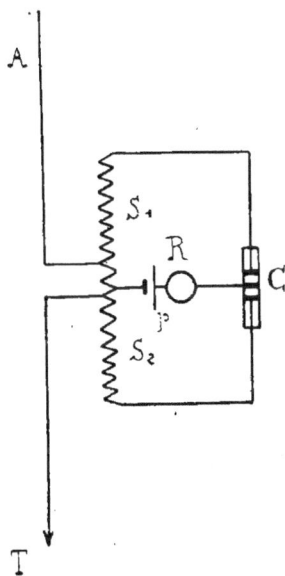

Fig. 33.

posé depuis longtemps, le résonateur unipolaire par un
résonateur bipolaire. Il peut ainsi soumettre les deux
bornes du cohéreur à des tensions égales et de signes

contraires, tandis que, dans le système Slaby, l'une des
électrodes reste au potentiel zéro. Toutefois, cet avantage est compensé en partie par là nécessité d'employer
deux cohéreurs montés en série.

Dispositif Magni.

M. Magni excite également le cohéreur par ses deux
extrémités, au moyen de deux dérivations représentaqt
chacune un certain nombre de quarts d'onde, avec une
différence totale d'une demi-longueur d'onde.

Le but de ce dispositif est de rendre l'effet sélectif
plus net en rendant presque nulle l'action résultante des
ondes ayant une longueur différente de celle pour laquelle l'accord a été fait. Mais en même temps on réduit
notablement l'énergie utilisée et par suite la portée.

M. Magni a aussi proposé plusieurs dispositifs intéressants comportant l'emploi de deux antennes.

Troisième dispositif Marconi.

Malgré la syntonisation, le rendement du transport
d'énergie utilisée en télégraphie sans fil est encore très
médiocre et par suite les portées se trouvent limitées.
Pour franchir de très grandes distances, il n'y a donc
que deux moyens : ou bien améliorer le rendement, ou
bien mettre en jeu des quantités d'énergie très considérables. En attendant que le problème soit résolu,
M. Marconi a adopté la deuxième solution. C'est évidemment la plus simple au point de vue . . . rique; dans la
pratique, elle ne présente pas d'autre inconvénient que
d'être coûteuse et d'autre difficulté que celle de trouver
les ressources nécessaires pour l'appliquer. Cette solution
avait d'ailleurs été indiquée dès 1898 par M. Blondel, qui
proposait de remplacer les bobines d'induction par des
transformateurs industriels à haute tension.

La bobine de Rhumkorff n'emploie en effet qu'une quantité d'énergie relativement faible et présente de grandes difficultés de construction lorsqu'on veut dépasser quelques centaines de watts. Il n'en est pas de même des transformateurs industriels, qui débitent des milliers de watts à des potentiels élevés. Bien que l'on n'utilise qu'une faible partie de cette énergie, on peut, en reliant ces transformateurs à des capacités convenables, mettre en jeu dans les décharges des quantités d'énergie

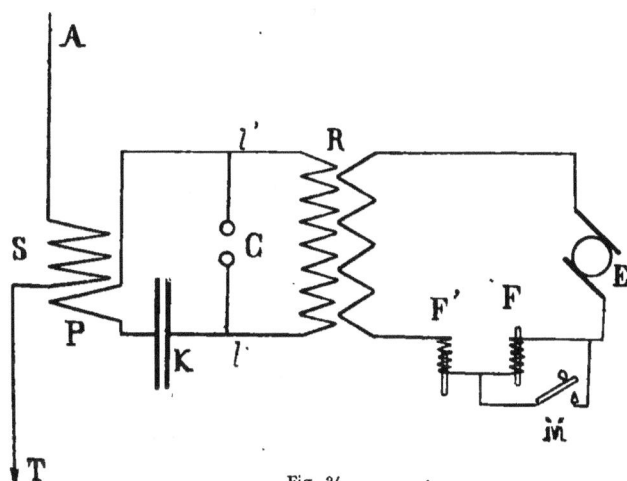

Fig. 34.

très supérieures à celles utilisées en employant des bobines d'induction. Nous discuterons plus loin cette question avec plus de détails.

M. Marconi se contente tout d'abord de substituer simplement le transformateur industriel à la bobine Rhumkorff, sans modifier le principe des montages, dans lesquels il introduit seulement quelques appareils spéciaux aux courants alternatifs, rendus nécessaires par l'emploi des transformateurs industriels.

Le montage genre Braun décrit ci-dessus devient alors le suivant (fig. 34).

Dans le circuit d'un alternateur E est intercalé le primaire d'un transformateur à haute tension R, ainsi que deux bobines d'impédance F F'. La seconde F' est réglable de manière à faire varier à volonté le courant fourni par l'alternateur E. Le rôle de la première est indiqué plus loin.

Le secondaire du transformateur R est relié d'une part à un oscillateur C, d'autre part à un circuit contenant un condensateur K et le primaire P d'un transformateur

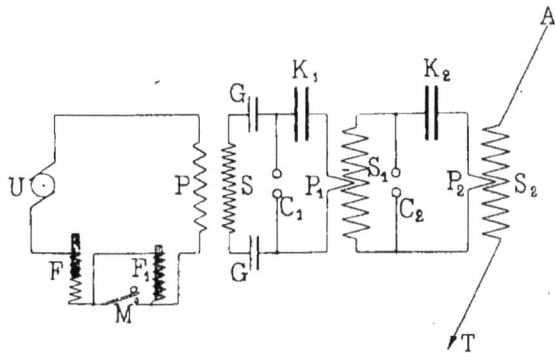

Fig. 35.

Tesla-d'Arsonval, dont le secondaire S est relié à l'antenne et à la terre.

L'accord de l'antenne avec le circuit de décharge du condensateur se fait comme dans le cas de l'emploi des bobines d'induction. Le réglage de l'étincelle en C se fait au moyen de la bobine F'.

Pour utiliser dans l'étincelle la totalité de l'énergie que l'on peut emprunter au transformateur R, il serait nécessaire de donner au condensateur K une très grande capacité. Mais, d'autre part, cette capacité est limitée par la nécessité d'établir l'accord entre le circuit de décharge et l'antenne. Pour tourner cette difficulté, M. Marconi a proposé le montage représenté figure 35.

Le secondaire S_1 du transformateur Tesla est relié à un

circuit semblable au premier, c'est-à-dire comprenant un deuxième oscillateur C_2, un condensateur K_2 et le primaire P_2 d'un deuxième transformateur Tesla. C'est le secondaire S_2 de ce dernier qui est relié à l'antenne et à la terre.

La capacité du condensateur K_2 étant, comme dans le cas précédent, déterminée d'après les dimensions de l'antenne, on peut alors donner au condensateur K_1 une capacité aussi grande qu'on le veut, de manière à utiliser toute l'énergie disponible.

Le rôle du premier transformateur Tesla est alors de porter à très haute tension les décharges produites en C_1. Le condensateur K_2 pourra donc, malgré sa capacité relativement faible, donner en C_2 des oscillations ayant la même énergie que celles produites en C_1, tout en ayant la période correspondant à celle de l'antenne.

En résumé, dans ce dispositif l'accroissement de l'énergie de la décharge se trouve réalisé par l'augmentation de longueur des étincelles en C_2, au lieu de l'être par l'augmentation de la quantité d'électricité emmagasinée dans le condensateur. Nous verrons plus loin comment on peut réaliser d'autres solutions du problème.

L'emploi des transformateurs industriels nécessite en outre quelques précautions pour la manipulation destinée à produire les signaux. Bien que l'on ait affaire à des courants alternatifs, on ne peut se contenter de couper simplement le circuit de l'alternateur. On fait alors usage d'une disposition employée fréquemment dans les applications industrielles et qui consiste à laisser constamment le circuit fermé par une bobine d'impédance. Le manipulateur M est alors monté comme l'indiquent les figures 34 et 35. Cette bobine d'impédance est réglée de telle sorte que, dans l'intervalle des signaux, c'est-à-dire quand la clef est ouverte, le courant qui continue à passer soit insuffisant pour produire des étincelles à l'oscillateur.

On peut employer également d'autres procédés. M. Marconi a proposé de laisser débiter en permanence le transformateur sur la capacité et de supprimer les étincelles au moyen d'un violent courant d'air amené par une tuyère U placée en regard de l'oscillateur (fig. 36). La

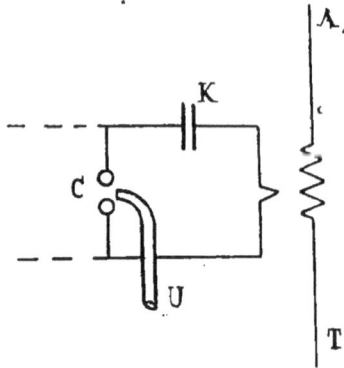

Fig. 36.

manipulation se ferait alors en agissant sur le courant d'air.

Enfin, un autre procédé consiste à intercaler dans le circuit de l'alternateur, le primaire P' d'un deuxième transformateur R' (fig. 37) dont le secondaire S' est fermé sur des résistances liquides W W, et sur la clef M.

Le transformateur R' fonctionne en sens inverse du transformateur principal R, c'est-à-dire qu'il abaisse la tension du courant fourni par l'alternateur. Lorsque la clef M est relevée, les deux résistances W et W, sont fermées en quantité sur S'. La quantité d'énergie absorbée par R' est alors assez grande pour empêcher le fonctionnement de l'oscillateur. Si, au contraire, on abaisse la clef, la résistance W est seule intercalée sur S' et, l'énergie absorbée par R' diminuant, les étincelles peuvent se produire.

C'est au moyen de dispositifs semblables que M. Marconi a tenté d'établir la communication entre l'Europe et l'Amérique (page 239).

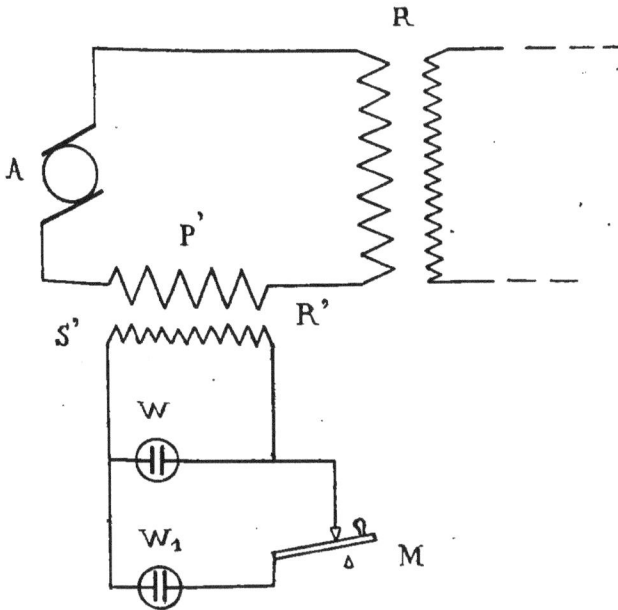

Fig. 37.

Troisième dispositif Slaby.

M. Slaby a également cherché, dans le courant de 1903, à utiliser les courants alternatifs au moyen d'un dispositif différant de ceux de M. Marconi. La figure 38 indique le montage employé dans la station d'Oberschoeneweide près de Berlin.

L'antenne, mise à la terre, est simplement reliée à un point du circuit de décharge d'un condensateur C mis en dérivation, en même temps qu'un oscillateur O, aux bornes du secondaire d'un transformateur industriel.

Le primaire de celui-ci est mis à la terre et comporte

tous les organes nécessaires au réglage du courant et à la
manipulation.

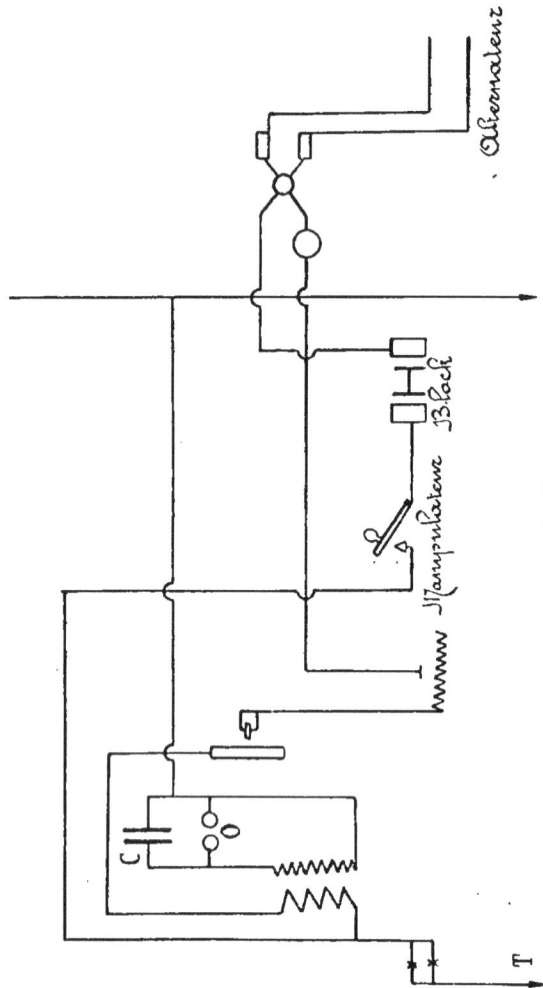

Fig. 38.

Le condensateur C a une capacité réglée d'après les
dimensions de l'antenne, de manière à établir un accord

entre les oscillations produites par la décharge du condensateur et la période propre de l'antenne.

C'est au moyen de ce dispositif que l'on a tenté d'établir des communications à une distance de 400 km, et malgré l'énergie considérable employée, le but poursuivi n'a pu être encore atteint. Ce résultat ne doit pas surprendre, nous en donnerons plus loin les raisons.

Dispositif Fessenden.

Le point de départ du principe du dispositif de M. Fessenden paraît quelque peu mystérieux : les ondes qu'il est destiné à produire seraient différentes de celles de Hertz ; il les appelle *ondes demi-libres de l'éther.* Elles seraient telles que l'énergie électrique serait maximum en même temps que l'énergie magnétique et qu'aucune partie ne pourrait être recouvrée de l'énergie radiée, sauf celle qui serait dirigée. Pour une bonne transmission ou réception des ondes, il serait essentiel que la surface intermédiaire qu'elles doivent suivre soit absolument conductrice, surtout dans le voisinage du point où elles sont créées. Cette partie conductrice doit s'étendre à une distance d'au moins un quart d'onde de la source, dans la direction d'émission. On satisferait à cette condition en donnant au fil de terre une longueur égale à $\frac{\lambda}{4}$.

Antenne. — L'antenne doit avoir une grande capacité et une faible inductance. Ce résultat est obtenu en augmentant sa surface et le nombre des fils qui la relient à l'oscillateur.

Transmission. — Le montage employé est celui dit *à étincelle directe :* l'antenne A (fig. 39) est reliée à une des boules de l'oscillateur spécial C (page 145), la seconde boule est reliée à la terre par une série de lames métal-

liques *m* enfermées dans un récipient D plein d'huile.
La longueur de ces lames à mettre en circuit peut être
réglée par des ponts mobiles *n*. On règle la longueur
d'onde employée en mettant en circuit une plus ou moins
grande longueur de lames *m*.

La production des signaux Morse ne se fait pas en
coupant et refermant le circuit primaire de la bobine :

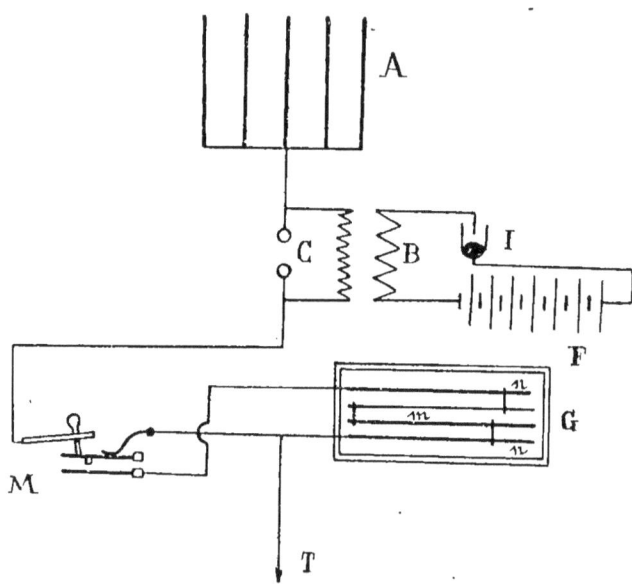

Fig. 39.

l'interrupteur I fonctionne en permanence et il jaillit des
étincelles à l'oscillateur C pendant toute la durée de la
transmission d'un télégramme. La manipulation est faite
au moyen d'une clef spéciale M qui agit de la manière
suivante : au repos, cette clef met hors circuit les lames *m*
de la boîte G, elle replace au contraire en circuit, quand
elle est abaissée, la longueur de lames choisie. Sans
entrer dans les détails de construction, il suffit de dire
que cette clef est faite de telle sorte que la communica-

tion de l'oscillateur avec la terre n'est jamais interrompue, quelle que soit la position du manipulateur.

Réception. — Pendant la réception, l'antenne A (fig. 40) est reliée à une extrémité d'un circuit, dont

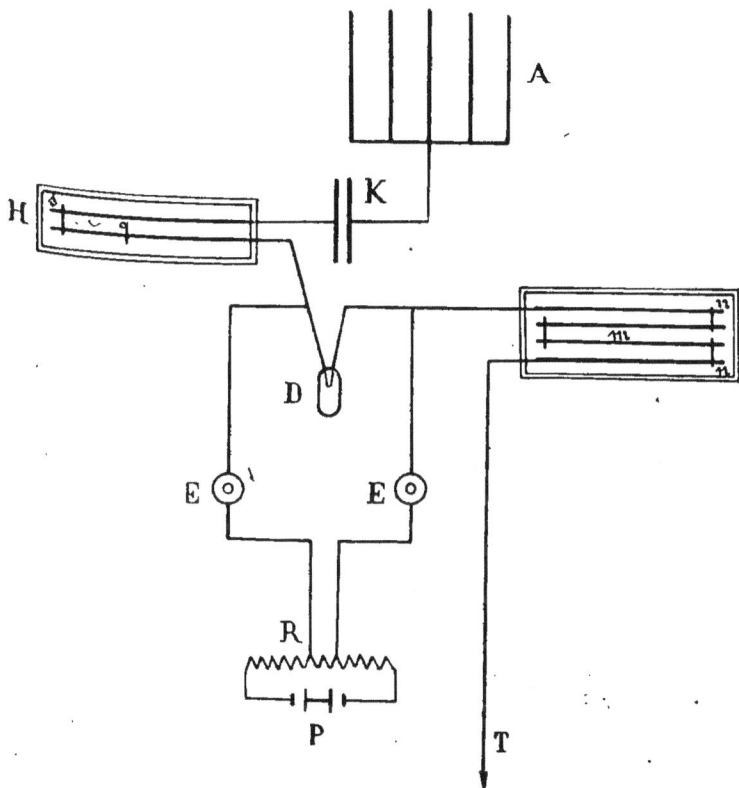

Fig. 40.

l'autre extrémité est à la terre et comprenant : 1° un condensateur K ; 2° une certaine longueur de lames q, réglable au moyen d'un pont s et contenues dans un récipient H semblable au récipient G de la transmission ; 3° le détecteur D décrit page 174 ; 4° les lames m ayant déjà servi pour le réglage de la transmission et contenues dans le récipient G.

En dérivation sur le détecteur est placé un circuit comprenant deux écouteurs téléphoniques E, et une faible force électromotrice obtenue en prenant une dérivation sur une résistance R, réunissant les pôles de même nom de deux éléments de piles à peu près identiques.

Les lames q servent, par leur capacité et leur self-induction, à parfaire l'accord de la réception sur la transmission.

Nous ne possédons aucune donnée précise sur les résultats obtenus avec ces dispositifs.

Dispositifs à oscillations entretenues.

Dans les systèmes que nous venons de décrire, les ondes sont engendrées par la décharge d'un condensateur. Les oscillations que l'on obtient ainsi sont forcément amorties et cet amortissement, qui est considérable, empêche de réaliser une syntonie parfaite, en donnant lieu au phénomène de la résonance multiple. On a alors cherché à produire des oscillations entretenues, c'est-à-dire dépourvues d'amortissement à l'origine.

A cet effet, M. de Valbreuze a repris la comparaison suivante due à M. Maurice Leblanc. Pour produire un son, on peut, ou bien faire vibrer une corde tendue qui effectue un certain nombre d'oscillations amorties pour revenir à sa position d'équilibre, ou bien se servir d'un appareil à anche dans lequel les vibrations régulières sont engendrées par l'air qui s'écoule sous pression constante dans une conduite de résistance périodiquement variable. Ces deux moyens existent également en électricité pour la production de courants alternatifs de grande fréquence. La corde vibrante a son analogue dans l'excitateur de Hertz qui produit des oscillations amorties, irrégulières et complexes. Quant au principe de l'appareil à anche, il se retrouve dans deux expériences : 1° celle de Waren de la Rue, qui, ayant soumis un tube à vide, à l'action d'une pile de 1 080 éléments, constata que la veine lumineuse se stratifiait dès qu'on montait un condensateur en parallèle; le circuit étant alors parcouru par un courant de grande fréquence ; 2° celle de Duddell, dans laquelle un arc électrique, alimenté par du courant continu et ayant en dérivation une self et une capacité, produit un courant ondulé de période $2\pi\sqrt{LC}$.

S'appuyant sur ces deux expériences, M. de Valbreuze songea à utiliser les tubes à électrodes de mercure employés par M. Cooper Hewitt pour l'éclairage.

La lampe à vapeur de mercure Cooper Hewitt est constituée par un tube portant un renflement à chacune de ses extrémités (fig. 41). Dans la partie inférieure se trouve du mercure dans lequel plonge une électrode en platine communiquant avec l'extérieur à travers le verre. A la partie supérieure se trouve une coupelle en fer (qui peut être pleine de mercure), communiquant également avec l'extérieur par une tige de platine soudée dans le verre.

Lorsqu'on fait le vide à un certain degré dans le tube et que celui-ci est plein de vapeur de mercure, on amorce la lampe par un extra-courant de rupture à haute tension, et la vapeur de mercure devient lumineuse tant qu'on maintient une différence de potentiel comprise entre 15 et 500 volts. L'éclat obtenu est d'environ 1/1 000 de celui d'une lampe à arc, la consommation est d'environ 0,5 watt par bougie.

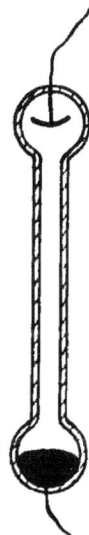

Fig. 41.

Lorsqu'on fait usage de courants alternatifs, la lampe

se comporte comme une soupape cathodique et ne laisse passer que la moitié positive du courant, de la coupelle d'acier au mercure.

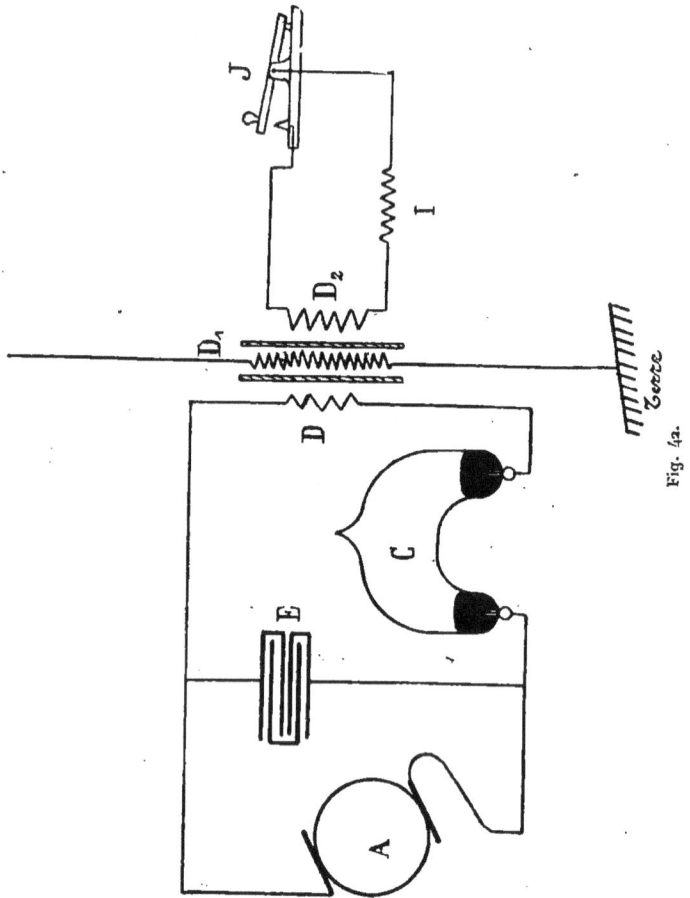

Fig. 42.

M. Cooper Hewitt avait indiqué également la télégraphie sans fil au nombre des applications du tube à vapeur de mercure; on devait alors placer un condensateur en dérivation aux bornes du tube, afin d'obtenir des courants de haute fréquence.

C'est cette application que M. de Valbreuze s'est proposé de réaliser. Son transmetteur se compose essentiellement d'une source de courant A (fig. 42), d'un tube à vide à électrodes de mercure C avec un condensateur E en dérivation et du primaire D d'un transformateur sans fer. Ce transformateur comporte deux bobines secondaires : l'une D_1, comprenant un certain nombre de tours de fil (réglable à volonté), a ses extrémités reliées à l'antenne et à la terre ; l'autre D_2, comprenant quelques tours de gros fil, fait partie d'un circuit amortisseur I qui comprend une self réglable et un interrupteur-manipulateur J dans l'huile.

Ce montage a pour but de ne pas désamorcer le tube dans les intervalles des signaux ; on peut en employer d'autres, par exemple une forte bobine de self en série sur le circuit primaire et mise en court-circuit par le manipulateur J.

Une autre disposition de ce producteur d'ondes, permettant de manipuler directement sur le circuit oscillant, consiste à munir le tube de deux paires d'électrodes : l'une servant à maintenir le tube toujours amorcé au moyen d'une première source de courant, l'autre étant reliée au circuit oscillant entretenu par une seconde source distincte de la première.

Syntonie système Blondel.

M. Blondel a indiqué, dès 1898, un autre procédé de syntonie, qui consiste à accorder, non plus les fréquences des oscillations électriques propres du transmetteur et du récepteur, mais des fréquences artificielles beaucoup plus basses, tout à fait arbitraires et indépendantes des antennes, à savoir : la fréquence des charges de l'antenne et celle des vibrations d'un récepteur sélectif tel que le monotéléphone de M. Mercadier. Il suffit de maintenir la fréquence de l'interrupteur bien constante et égale à la fréquence propre du récepteur.

On peut aussi employer, associé au téléphone, un cohéreur ou anticohéreur autodécohérent.

Chaque groupe d'ondes de haute fréquence, rapidement amorties, agit en bloc, comme une simple percussion sur le téléphone à vibration lente ; celle-ci reste d'ailleurs sensiblement sinusoïdale, grâce à l'inertie.

On peut aussi remplacer ou renforcer l'élasticité mécanique par une élasticité électrique en plaçant, en dérivation sur le détecteur d'ondes employé, une capacité calculée de manière à former un circuit en pseudo-résonance avec le poste d'émission.

Cette méthode se prête à une différenciation facile des signaux dans une station réceptrice, car la syntonie acoustique est plus nette en général que la syntonie électrique, mais elle exige l'emploi de cohéreurs autodécohérents ou anticohéreurs encore peu sensibles ou irréguliers, qui en limitent actuellement l'emploi à de plus faibles portées.

Cependant on obtiendrait vraisemblablement d'excellents résultats avec les détecteurs appartenant à la catégorie des détecteurs thermiques.

Discussion.

Tous les dispositifs qui viennent d'être décrits, à l'exception de celui de M. Blondel, qui est basé sur un principe tout différent, et des dispositifs Hewitt et de Valbreuze, encore mal connus, peuvent être, au point de vue de la transmission, classés en deux catégories.

La première comprend les montages dits à *excitation directe,* dans lesquels l'antenne est reliée directement à l'oscillateur. Les oscillations sont alors produites par la décharge du condensateur formé par l'antenne et le sol.

La deuxième catégorie comprend les montages à *excitation indirecte,* dans lesquels l'antenne est reliée directement au sol. Dans ce cas, les oscillations sont engendrées par la décharge d'un condensateur ordinaire et l'antenne est excitée, soit par induction, soit par dérivation sur le circuit de décharge.

La première disposition n'exige aucun réglage à la transmission, et la longueur d'onde est déterminée par les dimensions de l'antenne. Nous avons vu (page 61) que, théoriquement, l'antenne représente un quart d'onde. Avec l'excitation indirecte, il n'en est pas de même et il est nécessaire d'établir, par un réglage convenable, l'accord entre le circuit formé par l'antenne et le circuit de décharge.

Considérons la disposition la plus employée, où l'antenne est excitée par induction ; elle est alors reliée au sol par l'intermédiaire du secondaire d'un transformateur, genre Tesla-d'Arsonval. Pour accorder ce circuit avec le circuit excitateur, on peut agir soit sur le nombre de spires du secondaire dans le premier circuit, soit sur la capacité du transformateur dans le deuxième circuit. Un ampèremètre thermique (fig. 43), placé en série ou en dérivation sur l'antenne, dans le voisinage du sol,

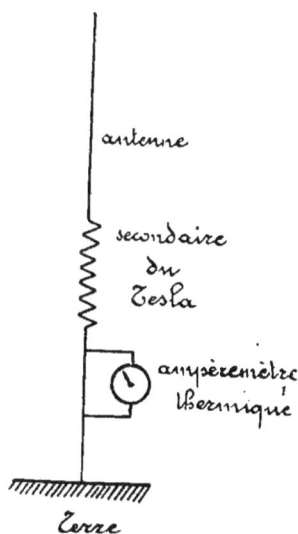

Fig. 43.

permet de reconnaître que l'accord est réalisé, lorsque le débit est maximum. Si l'on agit d'abord uniquement

sur le secondaire, on constate que l'instrument de mesure
indique le débit maximum pour un nombrè de spires
bien déterminé. Toutefois, l'expérience montre qu'il y a
avantage à n'employer qu'un faible nombre de spires (de
2 à 5), de manière à exciter l'antenne avec une période
très voisine de celle qu'elle aurait si le transformateur
n'existait pas. Il convient alors d'agir sur le condensateur

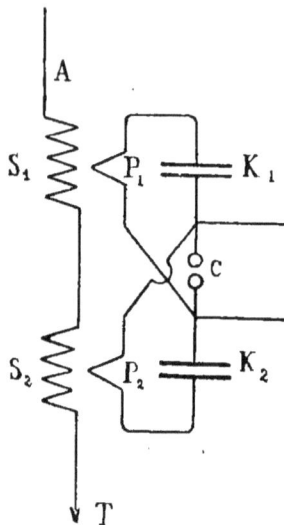

Fig. 44.

du circuit extérieur, lorsque le nombre de spires correspondant à l'accord est trop élevé.

Dans le but d'augmenter le rendement du transformateur, on peut diviser la capacité en plusieurs parties identiques et employer autant de transformateurs, dont on
monte les secondaires en série (fig. 44), ou en quantité
(fig. 45).

L'accord se fait alors en agissant sur un seul des secondaires, si ceux-ci sont en série, ou d'une manière égale
sur chacun d'eux, s'ils sont en quantité.

En ce qui concerne la réception, nous retrouvons encore les deux modes de montage, suivant que le cohéreur est intercalé directement sur l'antenne ou bien fait partie d'un circuit distinct et est excité soit par induction, soit par dérivation.

Or, quelle que soit la disposition employée, tous les systèmes proposés comportent tout d'abord l'accord de l'antenne de réception sur celle de transmission. Dans le

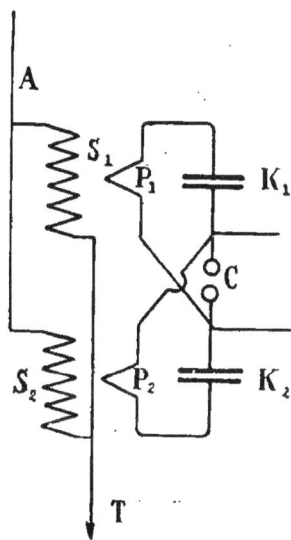

Fig. 45.

cas de l'excitation directe, c'est-à-dire lorsque l'antenne est reliée directement au cohéreur, on sait que l'antenne doit représenter une demi-longueur d'onde (page 61). Comme, d'autre part, l'antenne de transmission doit représenter seulement un quart d'onde, on voit que ce système a l'inconvénient de nécessiter deux antennes dans chaque station, l'une pour la transmission, l'autre pour la réception.

Pour vérifier que les conditions ci-dessus sont remplies, on actionne successivement les deux antennes considérées comme antennes de transmission, en les excitant à étincelle directe et l'on mesure les périodes par la méthode du fil horizontal. La longueur d'onde obtenue pour l'antenne destinée à la réception doit être double de la longueur d'onde trouvée pour l'autre antenne.

Lorsque le cohéreur est excité indirectement, l'antenne de réception vibre comme l'antenne de transmission et le moyen le plus simple de réaliser l'accord est d'employer deux antennes identiques. Mais on peut aussi faire usage

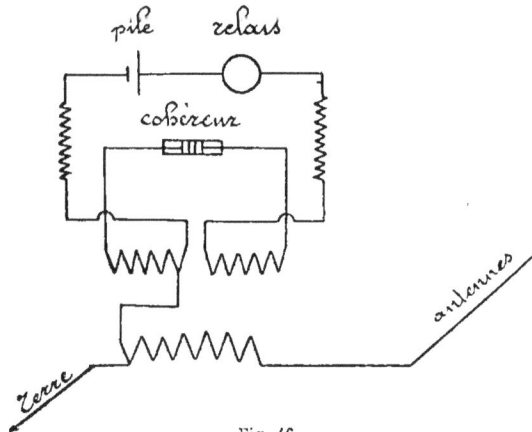

Fig. 46.

d'antennes de hauteurs et de formes différentes, à la condition de faire varier leurs éléments de manière à obtenir des périodes égales pour les deux antennes. La vérification se fait comme il a été dit ci-dessus.

Les dispositifs de réception à excitation indirecte exigent encore l'accord des transformateurs ou jiggers de réception sur l'antenne. Cet accord ne peut être obtenu que par tâtonnement, soit que l'on emploie des transformateurs genre d'Arsonval, comme M. Marconi, soit que l'on ait recours à des transformateurs genre Oudin, comme l'a fait M. Slaby.

La meilleure disposition consiste à combiner les deux genres de transformateurs comme l'indique la figure 46 (dispositif Ferrié).

Tous les réglages dont nous venons de parler avaient pour but de réaliser la syntonie. Mais, ainsi que nous l'avons dit au début de ce chapitre, les résultats n'ont pas confirmé les prévisions et la syntonie obtenue n'a jamais pu être complète. La raison en est la suivante.

Lorsque l'on observe au miroir tournant, comme l'a fait M. Tissot, l'étincelle produite par l'oscillateur, on constate que chaque décharge est caractérisée par une suite d'étincelles dont l'éclat diminue très rapidement. Le nombre des étincelles visibles est toujours très faible et se réduit à deux ou trois dans le cas de l'excitation directe. On peut encore étudier l'étincelle de décharge au moyen de l'oscillographe Blondel, qui permet de mesurer le décrément logarithmique. Seulement il faut alors opérer sur des longueurs d'onde plus grandes. On constate ainsi que l'amplitude des oscillations d'une même décharge va en décroissant et que la valeur du décrément est plus considérable pour la décharge du condensateur antenne-terre que pour celle d'un condensateur ordinaire.

On doit conclure de ces expériences que l'amortissement des oscillations est considérable dans les deux cas. Il en résulte que le phénomène de la résonance multiple doit se produire, quoiqu'à un degré moindre, aussi bien dans le cas de l'excitation indirecte, qu'avec l'excitation directe. Par suite, quelle que soit la précision des réglages opérés, il est impossible de réaliser une syntonie absolue, c'est-à-dire d'empêcher les signaux d'être interceptés par un poste récepteur non accordé avec la transmission.

Cela ne veut pas dire pour cela que ces réglages soient inutiles ; s'ils n'assurent pas d'une manière complète la syntonie, avec le secret des communications, ils rendent du moins plus difficile la surprise des dépêches et, en outre, ils permettent de correspondre à des distances plus grandes. On constate en effet qu'avec la transmission à excitation directe, l'antenne réceptrice peut être actionnée quelle que soit sa période propre ; c'est le phénomène de la résonance multiple. Mais on reconnaît aussi que l'effet est maximum lorsque la réception est accordée sur la transmission.

Dans le cas de la transmission par excitation indirecte, la résonance multiple intervient encore ; mais l'amortissement étant plus faible que dans le cas précédent, il est possible d'obtenir une syntonie partielle. Les réglages deviennent alors nécessaires, non seulement pour réaliser cette syntonie, mais pour obtenir sur le cohéreur le maximum d'effet, d'où résulte le maximum de portée.

Nous définirons d'ailleurs ainsi qu'il suit ce que l'on doit entendre par syntonie partielle. Considérons un poste transmetteur de télégraphie sans fil, que nous supposons tout d'abord monté à excitation directe. Les signaux transmis par ce poste pourront être reçus par un poste récepteur, même si ce dernier n'est pas accordé avec la transmission, pourvu que la distance des deux postes ne dépasse pas une certaine limite ; mais si les deux postes sont accordés, cette portée-limite est notablement augmentée.

Il en est encore de même lorsque le montage de la transmission est à excitation indirecte ; seulement la distance à laquelle la réception est possible, sans accord préalable entre les deux postes, est alors beaucoup plus faible que dans le cas précédent.

Il existe donc, autour du poste transmetteur, quel que soit son montage, une zone dans laquelle les signaux peuvent être interceptés par un récepteur non accordé avec la transmission ou, comme on le dit, non syntonisé. C'est ce que l'on a constaté dans les expériences faites en 1901 entre la France et la Corse. De même, pendant des expériences de communication entre Paris et Belfort, nous avons reçu, le 13 août 1903, des séries de lettres S provenant de la station de Poldhu, avec un récepteur qui n'était certainement pas accordé avec la transmission.

On peut conclure de ce qui précède que la zone, dans laquelle les signaux peuvent être interceptés sans qu'il y ait accord entre la réception et la transmission, est d'autant plus étendue que l'amortissement est plus considérable et que, par suite, il y a avantage, au point de vue de la sécurité des communications, à employer les dispositifs à excitation indirecte, accordés avec autant de soin que possible.

On peut se demander s'il en est de même au point de vue de la portée. L'expérience suivante permet de répondre à cette question. En transmettant au moyen du montage à étincelle directe, avec bobine d'induction et une énergie convenable dans une antenne à grande surface, de 50 m de hauteur (capacité : 230×10^{-20} unités C. G. S. ; longueur d'onde 420 m), on communique aisément à 400 km en mer, avec une station convenablement montée et accordée.

Si l'on emploie au contraire un montage Braun-Marconi par exemple, toutes choses égales d'ailleurs, la communication n'est possible qu'à 300 km, malgré un accord convenable à la transmission et à la réception.

Le montage à excitation directe donne donc une portée supérieure. L'étude de l'étincelle de décharge, au moyen du miroir tournant ou de l'oscillographe, permet d'expliquer ce résultat.

Nous avons dit que dans le cas du montage à excitation directe, deux ou trois étincelles seulement sont visibles au début de chaque décharge. En réalité, l'amortissement est tellement rapide, que la deuxième oscillation n'a déjà plus qu'une amplitude excessivement faible, de sorte que l'énergie accumulée dans le condensateur antenne-terre est dépensée presque tout entière dans la première oscillation. Chaque train d'ondes se réduit alors à une percussion unique d'une période constante pour les décharges successives, période dont la valeur est donnée par la règle du quart d'onde. C'est sur cette période que doit être accordée la réception.

Avec l'excitation indirecte, il n'en est pas de même et l'énergie de la décharge est répartie suivant un nombre plus ou moins grand d'oscillations. Si l'on admet que l'énergie emmagasinée est la même dans les deux cas, on voit que l'oscillation unique obtenue avec l'excitation directe, doit représenter une quantité d'énergie plus grande que chacune des oscillations produites avec l'autre montage.

Or, à la réception, une même quantité d'énergie produit sur l'antenne, et par suite sur le cohéreur, une variation de potentiel d'autant plus grande que cette énergie est reçue dans un temps plus court. C'est donc l'excitation directe qui doit produire le maximum d'effet à la réception et par conséquent permettre la portée la plus grande.

Il résulte de ce qui précède que l'énergie est d'autant mieux utilisée que l'amortissement est plus grand, mais que, d'autre part, la syntonie est d'autant meilleure que cet amortissement est plus faible, ce que l'on obtient avec les dispositifs à excitation indirecte. Le seul moyen d'augmenter la portée, tout en conservant l'avantage de la syntonie, est alors d'augmenter l'énergie à la transmission.

Les bobines d'induction ne comportant que la mise en jeu d'une assez faible quantité d'énergie, on a cherché à les remplacer par les transformateurs industriels. Le but poursuivi étant d'augmenter l'énergie fournie par la décharge, on doit tout d'abord rechercher quelle est la valeur maximum que l'on peut donner à la capacité du condensateur, en tenant compte des conditions de fonctionnement du transformateur, tension et débit dans le

secondaire d'une part, fréquence du courant alternatif
employé d'autre part.

Afin d'utiliser cette capacité pour l'excitation de l'antenne, on peut opérer, comme l'a fait **M. Marconi**
(page 110), avec deux transformations successives des
oscillations. On peut également ne faire qu'une seule

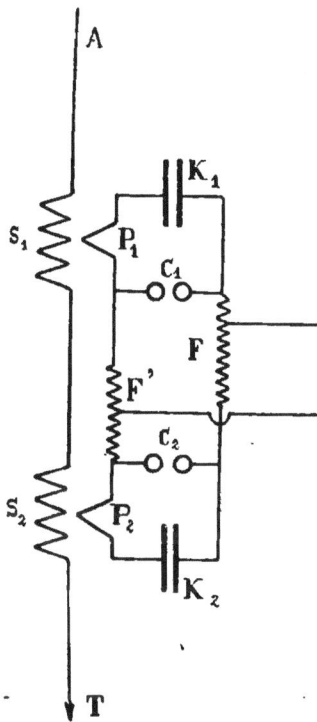

Fig. 47.

transformation en divisant la capacité en plusieurs parties égales à celle qu'il faudrait employer, si l'on excitait
l'antenne avec une bobine d'induction et un seul Tesla.
Toutes ces parties sont montées dans des circuits de
décharge distincts, mais reliés par des selfs suffisantes
pour empêcher ces circuits de réagir les uns sur les

autres, tout en étant trop faibles pour gêner le passage
du courant de charge fourni par le transformateur industriel. Chacun des circuits de décharge comprend un Tesla
dont les secondaires peuvent être montés en série (fig. 47)
où en quantité (fig. 48).

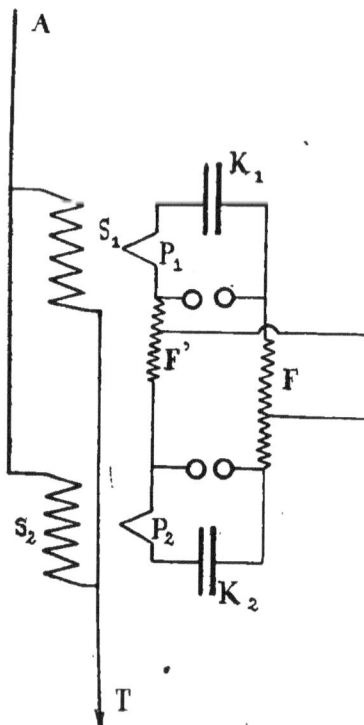

Fig. 48

Pour se rendre compte de l'augmentation d'énergie
ainsi réalisée, il suffit de placer un ampèremètre thermique sur l'antenne, au voisinage du sol. Avec les bobines d'induction, l'intensité efficace ainsi mesurée ne
dépasse pas quatre ampères. Or, lors même que l'on
arrive, en employant un transformateur industriel, à

doubler cette intensité, on n'atteint pas encore la portée obtenue avec les bobines.

On peut encore (fig. 49) placer dans un même circuit de décharge autant de capacités que peut en charger le transformateur et fermer le secondaire du Tesla sur un oscillateur relié à l'antenne et à la terre. Avec un transformateur de 1 kilowatt à 15 000 volts, on obtient, en

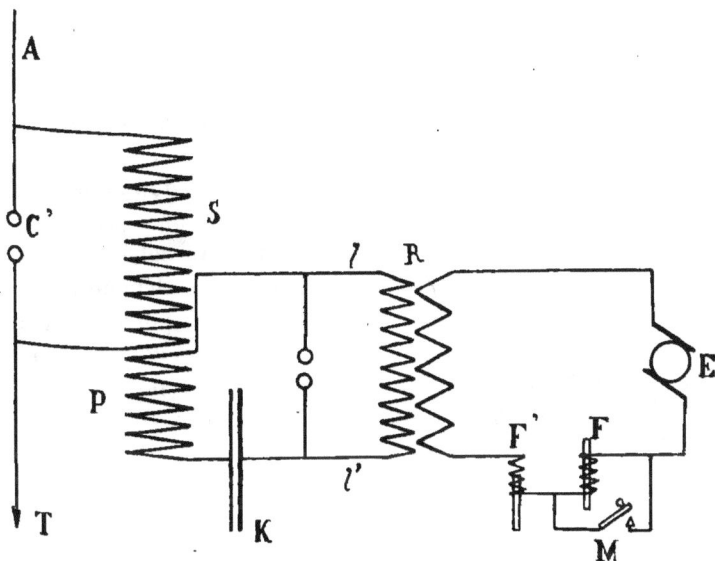

Fig. 49.

réglant convenablement le Tesla, une étincelle formidable de 12 cm de longueur, sur une antenne ayant une capacité égale à 110×10^{-20} unités C. G. S. Bien que ce montage se rapproche de l'excitation directe, les résultats ne sont pas beaucoup meilleurs et, pour obtenir une portée égale ou supérieure à celle que donneraient les bobines d'induction, il faut augmenter dans des proportions considérables l'énergie mise en jeu.

Nous avons dit plus haut que la portée augmente avec

l'amortissement. Les résultats obtenus avec les transformateurs industriels semblent par suite montrer que
ceux-ci produisent des oscillations moins amorties que
les bobines d'induction.

En résumé, les montages à excitation directe ont une
portée plus grande que les montages à excitation indirecte. En revanche, ceux-ci assurent mieux le secret des
communications ; ils ne peuvent atteindre de grandes
portées qu'à la condition de mettre en jeu des quantités
considérables d'énergie.

Dans tout ce qui précède, nous avons admis que la
réception se faisait au moyen du cohéreur. C'est donc
seulement à ce mode de réception que l'on doit appliquer
les conclusions ci-dessus. Nous étudierons plus loin
(page 156) en détail le fonctionnement du cohéreur ; on
sait cependant déjà que ce fonctionnement dépend de la
différence de potentiel produite entre ses pôles par les
ondes émanant de la transmission, et que, comme nous
l'avons dit plus haut, cette différence de potentiel est
d'autant plus grande que l'énergie transmise agit dans
un temps plus court.

Mais au lieu du cohéreur, on peut employer à la réception, des appareils sur lesquels le mode d'action des
ondes est tout différent. Tels sont, par exemple, les détecteurs thermiques.

Tandis que le cohéreur est, pour les raisons exposées
plus haut, sensible surtout aux chocs que produisent les
oscillations très amorties, les détecteurs thermiques
sont actionnés par toutes les oscillations, quelle que soit
leur amplitude, de sorte qu'ils totalisent, pour ainsi dire,
l'énergie transmise pendant la décharge. A cette catégorie de détecteurs appartient aussi le détecteur Marconi,
qui sera décrit plus loin (page 176).

On conçoit qu'avec les détecteurs de cette nature, il y
a avantage à employer des oscillations aussi peu amorties que possible, c'est-à-dire la transmission à excita-

tation indirecte. On réalise ainsi le maximum de portée et de protection.

C'est donc seulement avec ces détecteurs *totalisateurs* à la réception et les transformateurs industriels à la transmission que l'on pourrait peut-être, tout en transmettant à des distances considérables, réaliser une véritable syntonie, empêchant la surprise des signaux à une distance quelconque, car seuls ils permettraient l'emploi d'oscillations entretenues, c'est-à-dire non amorties.

Toutefois, le cohéreur a sur les détecteurs dont nous venons de parler un avantage précieux : c'est que seul il permet l'enregistrement des dépêches à l'arrivée. Avec les détecteurs totalisateurs, en effet, on transmet bien encore des signaux Morse, mais on ne peut recevoir ces signaux qu'au téléphone. Il n'y a donc pas de traces des dépêches transmises ; et c'est là un inconvénient qui, dans bien des cas, fera donner la préférence au cohéreur.

CHAPITRE VII

DESCRIPTION DÉTAILLÉE DES ORGANES D'UNE STATION
DE TÉLÉGRAPHIE SANS FIL. — TRANSMISSION

Après l'exposé des théories et des dispositions d'ensemble des stations de télégraphie sans fil, nous allons examiner en détail les appareils les plus généralement employés et les installations nécessaires pour réaliser ces dispositions, en commençant par les organes de la transmission.

Source d'énergie.

On ne connaît actuellement qu'un seul moyen de produire des oscillations électriques : la décharge d'un condensateur.

On a vu plus haut qu'en télégraphie sans fil, le condensateur employé peut être constitué soit par l'antenne et le sol (montages à excitation directe), soit par un condensateur ordinaire de capacité notable (montages à excitation indirecte).

Dans le premier cas, la capacité de l'antenne est limitée et l'on ne peut mettre en jeu une quantité notable d'énergie qu'en chargeant ce condensateur à haut potentiel. Dans le second cas, la capacité du condensateur, bien que limitée pour les raisons déjà exposées, peut être rendue beaucoup plus considérable que dans le cas précédent ; l'énergie mise en jeu peut donc être plus grande sans qu'il soit nécessaire d'employer d'aussi hautes tensions.

Les courants induits de la bobine de Rhumkorff conviennent donc pour les montages à excitation directe,

LA TÉLÉGRAPHIE SANS FIL ET LES ONDES ÉLECTRIQUES. 137

ces courants étant généralement à très haute tension et faible débit. De plus, ils donnent des oscillations très amorties favorables à l'emploi du cohéreur.

Au contraire, il y aura avantage, dans le cas d'antennes de très grande capacité et de montages à excitation indirecte, à employer les courants fournis par les transformateurs industriels. Ces courants ont en effet une tension élevée, bien qu'inférieure à celle des bobines, et un débit beaucoup plus considérable. On doit alors faire usage de détecteurs totalisateurs.

Les premières applications des transformateurs industriels à la télégraphie sans fil ont été faites par M. Blondel en 1898.

Bobines Rhumkorff. — Tous les modèles de bobines peuvent être employés à peu près indifféremment, à condition qu'elles puissent supporter la mise à la terre de l'un des pôles du secondaire, si l'on emploie le montage à étincelle directe. Toutefois, il est nécessaire que le secondaire puisse fournir un débit suffisant pour charger convenablement soit l'antenne, soit les condensateurs. Certains modèles qui donnent sans antenne ni terre jusqu'à 40 cm d'étincelles, ne donnent plus que 2 ou 3 cm sur antenne de 30 m et terre, et encore beaucoup moins sur condensateurs. D'autres, au contraire, qui ne donnent normalement que 30 cm d'étincelle, en donnent encore 5 ou 6, pour une même consommation au primaire, sur antenne-terre. Ces bobines sont évidemment les meilleures, puisqu'elles chargent à plus haute tension un condensateur de capacité déterminée, et mettent par suite plus d'énergie en jeu.

Le choix de l'interrupteur joue, d'autre part, un rôle considérable, d'abord par la plus ou moins grande régularité de son fonctionnement, ensuite par la fréquence qu'il permet d'obtenir.

Nous n'entrerons pas dans le détail des divers types de

bobines et d'interrupteurs essayés dans des expériences
de télégraphie sans fil, nous renverrons pour cela à l'ex-
cellente étude faite sur ce sujet par M. Armagnat[1]. Nous
nous bornerons à énumérer les principaux types des interrupteurs employés et à décrire sommairement les bobines qui nous ont donné les meilleurs résultats.

Les interrupteurs employés en télégraphie sans fil
doivent, autant que possible, être simples et permettre
une marche régulière prolongée ; aussi plusieurs types
convenant très bien pour un service de laboratoire, n'ont-
ils pu être employés en télégraphie sans fil. L'interrupteur Wehnelt est dans ce cas. Les modèles les plus usités

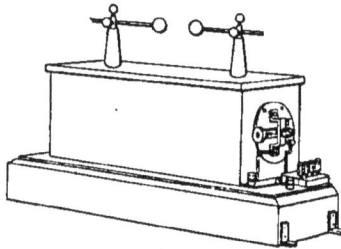

Fig. 50.

sont les interrupteurs genre Foucault, les interrupteurs
à contacts solides dans le pétrole genre Lecarme, et enfin
les interrupteurs *secs*.

Nous avons été très satisfaits, en particulier, de l'emploi du *rupteur* Carpentier et de l'interrupteur genre
Foucault du modèle Rochefort, avec les bobines fournies
par les mêmes constructeurs.

La bobine Carpentier (fig. 50) est à secondaire cloi-
sonné et à isolant solide ; l'interrupteur sec et le condensateur réglable du primaire font corps avec la bobine.
L'interrupteur est basé sur le principe suivant. Contrai-
rement à ce qui se passe dans les modèles ordinaires

---

1. *Éclairage électrique*, t. XXVI, p. 5.

d'interrupteurs à marteau, ce n'est pas ce dernier qui coupe ou rétablit lui-même le circuit primaire. Ce rôle est rempli par une lame de cuivre l (fig. 51) qui s'appuie au repos, par un plot en platine, sur un butoir c également en platine.

Le marteau p est constitué par une palette horizontale mobile autour d'un axe o, maintenue contre un butoir en os b au moyen d'un long ressort à boudin r, réglable par un écrou E. La tension de ce ressort permet de régler à volonté la fréquence. L'interruption du courant se fait au moment où la palette vient heurter la lame flexible l; elle a donc lieu brusquement, la palette ayant déjà acquis à ce moment une certaine vitesse. Les réglages à faire sont les suivants : réglage du butoir b de la palette, ré-

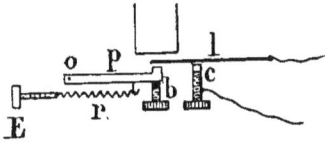

Fig. 51.

glage du contact platiné c, et réglage du ressort r; tous se font très facilement et sont très constants.

Ce système d'interrupteur, n'ayant sensiblement pas de fréquence propre, permet d'actionner la bobine avec du courant alternatif. Il peut être employé avec des bobines de 25, 30 et 35 cm d'étincelles.

Nous avons surtout employé la bobine de 25 cm (fig. 50), qui est parfaitement suffisante dans la plupart des cas, surtout lorsqu'on n'est pas trop limité comme hauteur d'antennes.

Le même constructeur a établi récemment un nouveau modèle de bobine, spécial pour la télégraphie sans fil, qui permet de doubler les longueurs d'étincelle que l'on pouvait obtenir, avec l'ancien modèle, sur les antennes de grande capacité.

La bobine Rochefort, dite *Transformateur unipolaire* (fig. 52) comporte un primaire à grande self, et un secondaire très court à gros fil, enroulé en une ou deux galettes seulement, n'occupant au milieu qu'une faible partie de la longueur du noyau. Le fil est enroulé de telle sorte, qu'une des extrémités, la plus voisine du noyau, est à une tension très faible, l'autre extrémité étant au contraire à très haute tension. La bobine est plongée dans un isolant pâteux. L'extrémité à basse tension est mise à la terre, l'autre à l'antenne, quand on emploie le montage à étincelle directe. Cette bobine, du type de 50 cm d'étincelle, nécessite un interrupteur à mercure. Son fonctionnement est très bon.

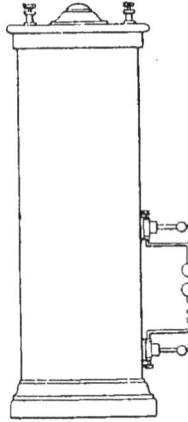

Fig. 52.

M. Marconi fait usage généralement d'une bobine modèle App à interrupteur sec. M. Slaby emploie les bobines de l'*Allgemeine Elektricität Gesellschaft,* avec interrupteur à turbine.

Afin d'augmenter l'énergie mise en jeu, on peut employer simultanément plusieurs bobines ; il suffit de monter en série les primaires de toutes les bobines, et de réunir leurs secondaires soit en quantité, soit en série. On n'emploie évidemment qu'un seul interrupteur et un seul condensateur au primaire.

Transformateurs industriels. — Les transformateurs industriels ne peuvent pas être employés sous leur voltage normal, par suite de l'influence néfaste des courants de haute fréquence sur l'isolant. Il est prudent de réduire ce voltage au moins d'un tiers.

Leur application à la télégraphie sans fil ne demande aucune autre précaution spéciale.

Soupape cathodique Villard. — Bien qu'on ne sache pas exactement ce qui se passe dans une antenne, surtout avec le montage à étincelle directe, il est vraisemblable que la charge de l'antenne ne se fait pas régulièrement et toujours avec la même polarité, puisque la bobine, bien qu'ayant une polarité principale, émet des courants dans les deux sens; il y aura, par suite, avantage à supprimer ces courants dans un sens, de manière à conserver à l'antenne toujours la même polarité de charge. On arrive à ce résultat en mettant en dérivation sur l'étincelle une soupape cathodique Villard qui, comme on le sait, ne livre passage aux courants que dans un seul sens. On constate, en effet, que la distance explosible est notablement augmentée avec ce dispositif; il en résulte que l'énergie utilisée est également accrue.

La soupape cathodique peut aussi être avantageusement employée avec les transformateurs industriels et dans les montages à excitation indirecte.

Piles et accumulateurs. — Le courant continu nécessaire au fonctionnement des bobines d'induction, peut donc être fourni soit par des piles, soit par des accumulateurs, soit directement par des dynamos. Ce dernier procédé présente des inconvénients, attendu que le primaire de la bobine est parcouru, pendant son fonctionnement, par des courants déjà à haut potentiel, qui peuvent détériorer l'induit de la dynamo. De plus, la transmission des signaux, c'est-à-dire la fermeture du circuit primaire à intervalles plus ou moins rapprochés, peut produire des à-coups nuisibles dans la marche de la dynamo. Cependant, à bord des navires sur lesquels existe une canalisation générale d'électricité, on peut, sans grand inconvénient, placer le primaire de la bobine en dérivation sur cette canalisation, par l'intermédiaire d'un rhéostat.

Dans la généralité des cas, il y a avantage à se servir d'accumulateurs de 5o ou 100 ampères-heures, que l'on

peut charger, soit avec des piles à fort débit lorsque l'installation n'est que provisoire, soit, ce qui vaut mieux, au
moyen d'un petit groupe électrogène. On construit actuellement des groupes de ce genre de 500 à 1 500 watts,
avec moteur au pétrole lampant, qui conviennent parfai-

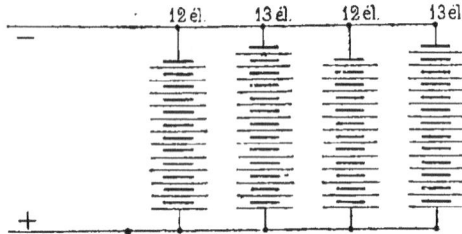

Fig. 53.

tement à cet usage (moteurs Millot de Gray, Sautter-
Harlé de Paris, etc.). Toutefois, le fonctionnement étant
moins régulier au-dessous de 1 000 watts, il est préfé-

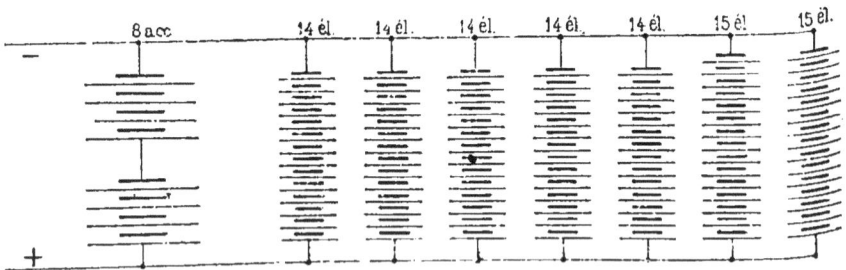

Fig. 54.

rable de ne pas descendre au-dessous de cette puissance,
bien qu'elle ne soit pas absolument nécessaire. Il est
alors avantageux d'employer une batterie de 40 éléments.

Lorsqu'on est forcé de faire usage de piles pour charger
les accumulateurs, il est bon d'employer une grosse batterie de 50 ou 100 éléments, suivant le nombre d'accumulateurs à charger, le type de bobine employé et la

durée du service quotidien. Cette charge se fait généralement pendant la nuit ou les intervalles des séances de
fonctionnement. Cependant, on peut laisser en permanence sur la bobine à la fois les piles et les accumulateurs (fig. 53 et 54).

Pour des expériences de courte durée, on peut n'employer que des piles. Nous avons, en particulier, fait
usage avec succès des piles chloro-chromiques Renard,
qui sous un très faible poids et un petit volume four-
nissent un débit très considérable. Bien que le prix de
revient en soit fort élevé, l'emploi de ces piles est très
commode pour de courtes expériences à faire dans des
stations mobiles.

Les figures 53 et 54 indiquent divers exemples de
montages de piles seules ou de piles avec accumulateurs,
pour des bobines de 25 cm.

Oscillateurs.

Tous les modèles d'oscillateurs employés pour l'étude
des ondes hertziennes dans les laboratoires peuvent être
employés en télégraphie sans fil. Toutefois, l'expérience a
montré qu'il était plus commode de se servir du simple
oscillateur de Hertz, constitué par deux petites sphères,
dans l'air, reliées aux deux pôles de la bobine d'induction. L'emploi d'oscillateurs plongés dans des diélectriques liquides, comme l'oscillateur Righi, présente
l'inconvénient suivant : au bout d'une certaine durée de
fonctionnement, le diélectrique, pétrole par exemple, est
partiellement décomposé, de petites parcelles de carbone
sont mises en liberté et le pouvoir inducteur spécifique
du diélectrique diminue.

Lorsque l'étincelle que l'on emploie dépasse 5 ou 6 cm,
il y a avantage à la fractionner en plusieurs parties, en
employant un oscillateur à 3 ou 4 boules. Nous avons, en
particulier, fait usage, dans certains cas, d'oscillateurs

Blondel à 4 boules plongées dans le pétrole, celui-ci étant
constamment renouvelé par une sorte de siphon.

Il est commode, dans la plupart des cas, de placer l'oscillateur sur la bobine même (fig. 55). La nature du métal
qui constitue les boules de l'oscillateur n'a qu'une importance très secondaire ; si l'on emploie du cuivre, la couche
d'oxyde noir dont elles se recouvrent rapidement ne gêne
nullement le fonctionnement.

Lorsque l'oscillateur est placé directement entre l'an-

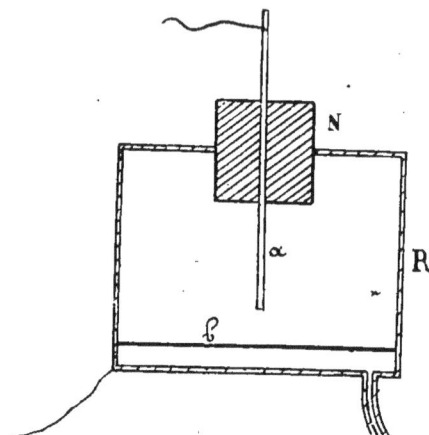

Fig. 55.

tenne et la terre, on a vu qu'il était avantageux de connecter l'antenne au pôle négatif du secondaire de la bobine. Il est souvent commode d'employer, pour être
assuré du sens de cette connexion, un oscillateur formé
d'un plateau de 6 ou 8 cm et d'une tige arrondie à son
extrémité ; l'antenne étant reliée au plateau et la terre à
la tige, l'étincelle obtenue doit être absolument rectiligne,
très blanche et claquante, et aller de l'extrémité de la
tige au centre du plateau.

Quant aux oscillateurs genre Hewitt et de Valbreuze,

les détails de leur construction et de leur emploi sont encore mal connus.

L'oscillateur Fessenden est formé d'une pointe a (fig. 55) qui pénètre dans une boîte métallique R à travers un bouchon isolant N, et d'un plateau métallique b en communication avec la boîte. Celle-ci est remplie d'air comprimé au moyen d'un tuyau O.

Cette disposition aurait l'avantage de permettre d'employer des étincelles plus longues, sans qu'elles cessent d'être oscillantes, tandis qu'avec l'oscillateur ordinaire, l'étincelle cesse d'être oscillante lorsqu'on écarte trop les boules réunies à l'antenne et à la terre.

Manipulateurs.

Étant donnée la forte intensité des courants que doit interrompre et rétablir le manipulateur dans le circuit

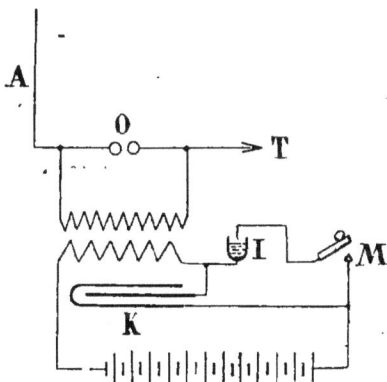

Fig. 56.

primaire de la bobine, il est nécessaire de le munir de contacts larges et très conducteurs. D'autre part, si la rupture du circuit par le manipulateur se fait au moment où l'interrupteur est au contact, l'étincelle de rupture se produit au manipulateur, et elle est très forte, n'étant plus shuntée par le condensateur de la bobine. Pour la diminuer, il est bon de la faire éclater dans le pétrole.

Pour diminuer cette étincelle de rupture, M. Rochefort met le condensateur de la bobine, non plus en dérivation sur l'interrupteur, mais sur l'ensemble du manipulateur et de l'interrupteur (fig. 56).

Nous employons avec succès un manipulateur ayant la

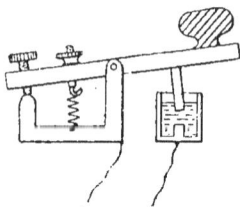

Fig. 57.

forme des manipulateurs ordinaires. Une vis-butoir permet de régler la course du levier (fig. 57) et un écrou permet de tendre à volonté le ressort de rappel. Le con-

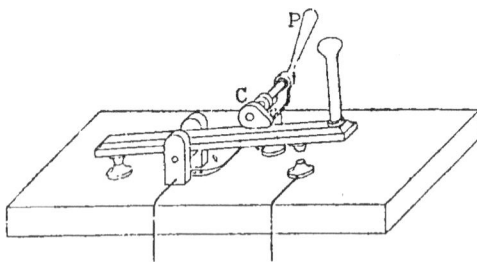

Fig. 58.

tact se fait entre deux tiges de cuivre dans un godet plein de pétrole. Le levier est muni d'une forte poignée en ébonite pour éviter tout contact accidentel désagréable de la main avec le circuit.

M. Marconi emploie des manipulateurs à contact sec, platine sur platine, protégé parfois par un condensateur spécial logé dans le socle (fig. 58).

Dans certains cas, M. Marconi dispose le manipulateur de manière à lui faire jouer aussi le rôle de commutateur de l'antenne, soit avec la transmission, soit avec la réception (voir page 192), comme dans les installations télégraphiques ordinaires.

Condensateurs.

Les condensateurs nécessaires aux montages à excitation indirecte sont le plus souvent constitués par des jarres ou bouteilles de Leyde. Cependant, on peut les remplacer avec succès par des condensateurs formés de lames de verre, d'épaisseur convenablement choisie, recouvertes en partie sur les deux faces par des feuilles d'étain, et placées par groupes de 20, par exemple, dans des caisses munies de rainures pour maintenir l'écartement. Les feuilles d'étain placées en regard sont réunies par une lame double de cuivre, prolongée à l'extérieur par un fil. On obtient ainsi de grandes capacités sous un petit volume et en groupant convenablement les diverses plaques, on peut faire varier à volonté la capacité mise en circuit.

Transformateurs d'Arsonval et Oudin.

M. Marconi constitue les transformateurs qu'il emploie de la manière suivante. Sur un cadre de bois paraffiné de 30 cm de côté est enroulé, au milieu, un tour de conducteur qui constitue le primaire. Ce tour peut comprendre de 1 à 10 fils réunis en quantité aux deux extrémités. De part et d'autre du primaire sont enroulés, à plat sur le cadre, un certain nombre de tours de fils très fortement isolés, qui constituent le secondaire. Le nombre de ces tours de fil est fonction de la longueur d'onde employée. On peut faire usage, dans ce même but, de la forme ordinaire du résonateur bipolaire d'Arsonval.

Le solénoïde auquel on emprunte un certain nombre de spires pour parfaire le réglage de la période de l'antenne d'émission (page 95), est constitué par un fil de cuivre de 1 cm de diamètre enroulé en hélice de 15 cm de diamètre sur un cylindre isolant.

L'emploi de la forme ordinaire du résonateur d'Arsonval rend inutile l'usage de ce solénoïde, les spires supplémentaires nécessaires sont empruntées au secondaire du résonateur lui-même.

Le diamètre du transformateur a peu d'importance; l'expérience a montré que la self de spires de grand diamètre est sensiblement égale à la self de fils rectilignes.

Nous avons même obtenu d'excellents résultats en constituant simplement le primaire et le secondaire par deux fils rectilignes placés côte à côte.

Les résonateurs Oudin sont analogues aux précédents, mais le primaire est constitué par un certain nombre de tours du secondaire. C'est ainsi que les emploie M. Slaby, qui supprime même parfois tout transformateur et relie simplement un point de l'antenne, mise à la terre, à un point du circuit excitateur fermé.

CHAPITRE VIII

DESCRIPTION DÉTAILLÉE DES ORGANES DE RÉCEPTION

La description des organes de réception dans une station de télégraphie sans fil sera faite en commençant par les appareils indépendants de toute syntonisation, c'est-à-dire le cohéreur, le tapeur, le Morse, etc. On indiquera ensuite comment sont constitués les appareils spéciaux des principaux systèmes connus.

Cohéreurs.

L'organe destiné à déceler la présence des ondes hertziennes est généralement le cohéreur ou tube de Branly. On a essayé de le remplacer par divers autres détecteurs : Marconi, Tuman, Righi, Blondel, etc. ; mais tous ces instruments n'ont donné jusqu'à maintenant que des résultats inférieurs à ceux des cohéreurs, sauf peut-être le détecteur Marconi.

Étant donné le rôle très important de ces instruments, nous en donnerons une étude générale complète, en insistant ensuite sur les conditions spéciales d'emploi en télégraphie sans fil.

Historique. — Bien que quelques physiciens, tels que Varley et Calzecchi-Onesti, aient pressenti certaines propriétés électriques des limailles métalliques, c'est à M. Branly que revient incontestablement l'honneur d'avoir mis en lumière, en 1890, l'influence des ondes hertziennes, à distance, sur la conductibilité des limailles métalliques. Mais l'idée d'appliquer ces propriétés à l'étude des perturbations électriques de l'atmosphère et à la réception de signaux hertziens à petite distance, est due à MM. Lodge et Popoff. Enfin, c'est M. Marconi qui parvint le premier à les appliquer à la réception de signaux télégraphiques à grande distance.

L'étude détaillée des divers phénomènes présentés par les contacts imparfaits de corps conducteurs, et en particulier de limailles métalliques, est due principalement à MM. Branly, Blondel, Tommasina, Bose, etc. Cette étude a conduit à établir une classification de ces phénomènes.

Principe et classification. — Lorsqu'on rapproche deux corps conducteurs intercalés dans un circuit électrique contenant une certaine force électromotrice et un instrument de mesure, on constate qu'il existe une ou plusieurs positions des corps conducteurs, intermédiaires entre le contact absolu et l'isolement. Cela revient à dire que le contact peut être imparfait et présenter une résistance qui n'est ni nulle ni infinie. Si l'on soumet un contact imparfait à une perturbation électrique quelconque, ondes hertziennes, augmentation de la force électromotrice du circuit, etc., il peut se produire quatre phénomènes différents :

1° La résistance du contact diminue et conserve sa nouvelle valeur ; toutefois, un choc, une élévation de température, la ramènent à sa valeur primitive. Les corps conducteurs dont le contact jouit de cette propriété sont les *cohéreurs ordinaires,* appelés *radioconducteurs* par M. Branly ;

2° La résistance du contact diminue, mais reprend sa valeur primitive dès que celui-ci est soustrait à l'action de la perturbation électrique. L'instrument est appelé dans ce cas *cohéreur autodécohérent ;*

3° La résistance du contact augmente et conserve sa nouvelle valeur ; mais elle reprend sa valeur primitive sous l'action d'un choc ou d'une élévation de température ; on a alors affaire aux *anticohéreurs ;*

4° La résistance du contact augmente, mais reprend sa valeur primitive, dès que l'instrument n'est plus soumis à l'effet de la perturbation électrique : c'est un *anticohéreur autodécohérent.*

Cohéreurs ordinaires. Expérience fondamentale de M. Branly. — Les contacts présentant le phénomène de la cohérence ordinaire sont ceux que l'on rencontre le plus fréquemment. Ce sont les premiers étudiés par M. Branly. Il paraît intéressant d'indiquer quelle fut l'expérience fondamentale de ce physicien [1] :

« Si l'on forme un circuit comprenant un élément Daniell, un galvanomètre à long fil et un tube à limaille (formé d'un tube en verre ou en ébonite contenant une certaine quantité de limaille métallique comprise entre deux cylindres métalliques), il ne passe le plus souvent qu'un courant insignifiant ; mais il y a une brusque diminution de résistance, accusée par une forte déviation du galvanomètre, quand on vient à produire, dans le voisinage du circuit, une ou plusieurs décharges électriques. L'action peut être constatée à plus de 20 m, à travers des cloisons et des murs. Les variations de résistance sont considérables ; elles sont, par exemple, de plusieurs millions d'ohms à 2 000 ou même à 100, etc. La diminution n'est pas passagère. »

M. Branly répéta cette expérience avec toutes sortes de corps conducteurs et dans des conditions variées ; il constata qu'elle pouvait être réalisée, avec plus ou moins de facilité, en employant toutes les limailles et grenailles métalliques, des métaux réduits et porphyrisés, des mélanges de poudres métalliques et de poudres isolantes, des poudres de quelques oxydes et sulfures métalliques,

---

1. BRANLY, *Congrès international de physique de 1900.*

des plaques d'ébonite métallisées, des crayons solides formés de poudres métalliques agglomérées par la fusion d'une substance isolante, etc., etc.

Les mêmes résultats furent obtenus avec des colonnes de billes ou de disques métalliques, ayant plusieurs centimètres de diamètre et avec deux corps conducteurs de forme quelconque posés l'un sur l'autre.

En exerçant sur la limaille, les grenailles ou les billes une pression à l'aide de poids graduellement croissants, on arrive souvent assez vite au point où l'influence électrique peut s'exercer.

Si l'on intercale un tube à limaille dans un circuit contenant une grande force électromotrice, l'effet produit est le même que celui des ondes hertziennes. En particulier, si l'on règle la pression de la limaille de telle façon que sa résistance soit très considérable et que le galvanomètre soit à peine dévié, et si l'on fait passer dans ce tube, après l'avoir retiré de son circuit, le courant d'une pile de 25 volts, la résistance du tube diminue. On constate le fait en replaçant le tube dans son circuit initial et en mesurant la déviation du galvanomètre. On recommence avec une pile de 50, puis de 100 volts, et on constate, après chaque opération, une augmentation de la déviation, dès que le tube est replacé dans son circuit. Pour bien montrer qu'il s'agit d'une poussée due à la force électromotrice, on a eu soin d'intercaler dans le circuit de la pile de haute tension une résistance liquide de plusieurs millions d'ohms, qui ne permet pas à l'intensité de devenir appréciable alors que la limaille est devenue conductrice. Si l'on fait alors éclater à une distance convenable une étincelle, on constate que son effet est le même que celui d'une pile de 200, 300, 400 volts. L'effet de l'étincelle est progressif à mesure que la distance diminue.

Cette expérience paraît nécessiter plus de commentaires que n'en fait son auteur.

Les 25, 50, 100 volts de la pile à l'influence de laquelle on soumet le cohéreur ne sont pas la différence de potentiel existant entre les deux électrodes de cet instrument. Ce dernier a été, en effet, rendu légèrement conducteur avant d'être soumis à l'action de la première pile de 25 volts ; si donc on l'intercale dans le circuit de cette pile, comme il est impossible de réunir, avec une simultanéité absolue, les deux électrodes du cohéreur aux pôles correspondants de la pile, la différence de potentiel de 25 volts n'existe à aucun moment entre ces deux électrodes. La différence de potentiel réelle entre ces deux points est égale au produit des 25 volts par le rapport de la résistance du cohéreur à la résistance totale du circuit. Celle-ci étant très grande, puisqu'on a intercalé plusieurs millions d'ohms, la différence de potentiel réelle est très faible.

On s'explique alors aisément que l'action d'une étincelle à distance soit équivalente à celle d'une pile de plusieurs centaines de volts agissant dans les conditions indiquées. Encore faudrait-il, pour interpréter exactement ces résultats, savoir quelle était la résistance initiale du cohéreur, celle du circuit de la pile, et connaître si le transfert du cohéreur, de ce circuit au circuit du galvanomètre, était fait rapidement, ceci pour juger de l'influence de la charge électrostatique prise par le cohéreur.

Si l'on répète cette expérience avec un cohéreur présentant au repos une résistance très grande et qu'on l'intercale dans un circuit n'ayant qu'une faible résistance par rapport à celle du cohéreur, on constate qu'il suffit d'une pile de 2 à 5 volts pour l'amener immédiatement à son maximum de conductibilité. Il est même possible de construire des cohéreurs qui ne supportent pas plus d'un dixième de volt sans devenir aussitôt conducteurs.

D'autre part, le fait que l'influence de l'étincelle sur un cohéreur augmente à mesure que sa distance à l'instrument diminue, paraît pouvoir être expliqué de la manière suivante : M. Branly a constaté que les limailles étaient, dans certaines limites, d'autant plus sensibles qu'elles étaient soumises à des pressions plus fortes. Il résulte de cela que, dans un même cohéreur, les différentes couches horizontales de limaille ont des sensibilités différentes. Donc, lorsqu'on soumet un cohéreur à une même étincelle produite à des distances variables, une plus ou moins grande quantité de limaille sera actionnée et la résistance diminuera par suite plus ou moins. On constate, en effet, avec des tubes contenant une très petite quantité de limaille, que la conductibilité acquise par l'effet d'une étincelle est à peu près indépendante, dans les limites d'action, de la distance au tube.

En résumé, les diverses expériences faites ont mis en évidence que la sensibilité de l'instrument était fonction de la nature des conducteurs, de l'état des surfaces en contact, du diélectrique interposé, de la pression des conducteurs, etc., enfin, de la différence de potentiel produite normalement entre les corps en contact imparfait par le circuit dans lequel ils sont intercalés. On a reconnu que, pour chaque contact imparfait, il existait une valeur-limite de cette différence de potentiel au-dessus de laquelle le contact n'est plus actionné régulièrement et même ne présente plus de position intermédiaire entre le contact absolu et l'isolement. M. Blondel l'a dénommée *tension critique de cohérence*. Cette tension varie avec la nature des conducteurs en contact, l'état de leur surface, etc. Ce n'est pas une quantité physique précise à proprement parler, mais une notion empirique utile et répondant aux conditions pratiques d'emploi.

Cohéreurs autodécohérents. — Lorsqu'un ou les deux conducteurs en contact imparfait sont en charbon, on constate que l'instrument reprend sa résistance primitive dès que l'action perturbatrice a cessé. On retrouve également cette propriété avec l'eau acidulée, certains oxydes métalliques et même accidentellement avec des limailles métalliques. Toutefois, on remarque que la résistance offerte au repos par ces contacts est notablement moins grande que pour les cohéreurs ordinaires, et de plus instable. Il existe généralement plusieurs positions, c'est-à-dire plusieurs valeurs de la résistance du contact, donnant un fonctionnement analogue de l'instrument. La valeur de la tension critique de cohérence n'est jamais bien nette.

On observe aussi fréquemment, dans le voisinage de la limite, des phénomènes de cohérence persistante. Ceux-ci peuvent aussi être produits par des actions électriques perturbatrices énergiques.

Anticohéreurs. — On constate quelquefois le phénomène d'augmentation de résistance sous une action électrique avec effet persistant, dans l'étude du contact de métaux placés dans des conditions spéciales (feuilles très minces d'or ou d'argent collées sur du verre), et pour des contacts de certains sels, mais le phénomène, assez rare, n'est jamais bien net et n'a pas été l'objet d'études approfondies.

Anticohéreurs autodécohérents. —Lorsqu'on remplace, dans un cohéreur des deux premières catégories, le diélectrique par un électrolyte, on obtient un anticohéreur autodécohérent. Le phénomène est très net lorsqu'on dépose une couche de vapeur d'eau dans l'intervalle très étroit obtenu en divisant en deux parties le tain d'un fragment de miroir, ou quand on remplace l'air par de la glycérine dans un cohéreur à charbon, ou un cohéreur à limailles métalliques mêlées de poudres isolantes. Il est irrégulier, avec tendance à la cohérence persistante, pour les cohéreurs à limailles plongées dans la glycérine ou dans l'eau. M. Tommasina a observé qu'avec du potas-

sium plongé dans du pétrole on a un cohéreur autodécohérent si la pression a une certaine valeur, et un anticohéreur autodécohérent, pour une autre valeur plus forte
de la pression. On peut admettre que, dans le premier
cas, c'est le diélectrique pétrole qui est interposé entre
les conducteurs et que, dans le deuxième cas, c'est
l'électrolyte potasse qui est seul interposé.

Théories [1]. — Un assez grand nombre de théories ont
été émises pour expliquer ces différents phénomènes.
Pour M. Branly, le fonctionnement des cohéreurs ordinaires est dû à ce que l'isolant interposé entre les conducteurs est rendu conducteur sous l'influence passagère
du courant de haut potentiel, lorsque son épaisseur est
suffisamment faible. Les oscillations produiraient une
action qui équivaudrait à une diminution d'épaisseur du
diélectrique, qui pourrait alors devenir conducteur.
Comme le fait observer M. Turpain [2], cette explication
rend bien compte du fonctionnement des cohéreurs autodécohérents, mais est insuffisante pour expliquer celui
des cohéreurs ordinaires. On pourrait, il est vrai, ajouter
à cette hypothèse, comme plusieurs l'ont proposé, celle
que les ondes électriques produisent une sorte de polarisation du diélectrique qui persiste après que l'action a
cessé. Mais alors on ne voit pas pourquoi le même fait ne
se produirait pas avec les cohéreurs autodécohérents. De
plus, quelle serait aussi la cause des chaînes de limaille
constatées en particulier par M. Tommasina? Enfin elle
est impuissante pour les anticohéreurs.

L'hypothèse de M. Lodge, prévue d'ailleurs auparavant
par M. Branly, rend au contraire bien compte de ce der-

---

1. Nous citerons pour mémoire une théorie très originale de M. Chunder-
Bose, d'après laquelle le fonctionnement des cohéreurs de toute espèce
serait dû à une déformation moléculaire des corps en contact. Le phénomène serait absolument analogue à l'effet d'une excitation électrique sur un
muscle. (*Congrès international de physique de 1900.*)
2. TURPAIN, *Les Applications des ondes électriques.*

nier phénomène : sous l'action d'ondes électriques, il jaillit entre les conducteurs en contact imparfait de petites étincelles qui entraînent un peu de matière, produisent une petite soudure et assurent ainsi le contact. Un choc aura donc pour effet de rompre ces soudures et de ramener les contacts dans leur situation primitive. Cette explication rend parfaitement compte du fonctionnement des cohéreurs ordinaires, et elle est confirmée par l'observation des chaînes formées dans les cohéreurs à limailles. Elle peut aussi rendre compte de ce qui se passe dans les cohéreurs à diélectrique solide et dans certains cohéreurs autodécohérents. Dans ce dernier cas, il suffirait d'admettre que les ponts conducteurs formés par la matière sont détruits instantanément, en raison de la nature même des corps conducteurs, charbon, eau acidulée, par exemple. Mais, dans le cas de corps métalliques, tels qu'un fragment de mousse de platine compris entre deux électrodes métalliques, on ne voit pas pourquoi la soudure ne serait pas stable, et pourtant nous sommes arrivés, bien qu'avec une certaine difficulté, à obtenir par ce moyen un cohéreur autodécohérent très sensible. Les instruments de M. Popoff, fragments d'acier oxydé compris entre électrodes de platine, sont dans le même cas.

M. Righi a fait, en outre, une seconde hypothèse : les grains de limaille sont orientés et amenés au contact sous l'action des ondes électriques. Plusieurs physiciens ont appuyé cette hypothèse par l'observation de réels mouvements de limaille sous l'action d'ondes extrêmement puissantes. Mais il semble que ce fait soit produit par une action secondaire[1], qui ne se présente pas dans le cas

---

1. Cette action peut être la suivante : lorsque des étincelles nombreuses et puissantes jaillissent entre les grains de limaille, le diélectrique compris entre ceux-ci occupe, pendant la production des étincelles, un volume moindre ; il est donc comprimé et par conséquent peut produire en se détendant un mouvement des limailles.

d'ondes de très faible énergie. Nombre d'expérimentateurs ont constaté l'absence absolue de mouvement dans ce dernier cas. Cette hypothèse, qui est d'ailleurs en défaut dans le cas de cohéreurs à billes ou de cohéreurs à diélectrique solide et de cohéreurs autodécohérents, ne rend compte d'aucun phénomène, et elle paraît absolument inutile.

Aucune de ces explications ne permet, de plus, de se rendre compte du fonctionnement des anticohéreurs.

M. Tommasina, auquel on doit de remarquables expériences sur cette question, a fait une étude très complète des différents cohéreurs et anticohéreurs, et arrive aux conclusions suivantes : « La cause du phénomène de cohérence est une différence de potentiel qui produit un minuscule champ électrostatique, lequel donne lieu à tous les effets connus comme conséquences d'un champ oscillant compliqué par l'action d'un courant continu, lequel est modifié à chaque accroissement instantané du potentiel, c'est-à-dire à chaque oscillation. Cette modification est due à une polarisation qui se propage de grain à grain ; s'il y a possibilité de mouvement, les particules s'orientent, s'alignent, adhèrent ; on a dans ce cas les cohéreurs ordinaires. Lorsqu'il y a des particules d'oxyde ou d'autres poudres plus ou moins diélectriques, celles-ci se polarisent également sous l'action des ondes hertziennes et interviennent en formant des ponts ou des chaînons moins conducteurs, ce qui donne lieu à des effets négatifs. Il y a dans ce cas des anticohéreurs autodécohérents. Lorsque la nature même de la substance le permet, les ponts conducteurs sont détruits au fur et à mesure de leur formation et l'on a les cohéreurs autodécohérents. Enfin, si la couche interposée entre les corps en contact imparfait peut subir une action électrolytique, on a encore des anticohéreurs autodécohérents. »

En laissant de côté l'hypothèse, inutile et contredite par certaines expériences, du mouvement des corps en

contact imparfait, il semble que toutes les théories expo-
posées plus haut peuvent se concilier de la manière suivante [1].

Il convient de faire ressortir, tout d'abord, qu'il n'y
a pas lieu de faire intervenir directement, dans la théorie,
l'action d'ondes hertziennes, car on obtient des effets
identiques en faisant varier, par un moyen quelconque,
la différence de potentiel aux extrémités du contact
imparfait, par exemple en modifiant la force électromotrice de la pile du circuit dans lequel il est intercalé.

Pour simplifier l'exposition, supposons que l'on emploie un contact unique, c'est-à-dire formé de deux conducteurs seulement. Le contact imparfait étant plongé
dans un diélectrique, si l'on établit une différence de potentiel déterminée entre les deux corps conducteurs, et
qu'on les rapproche peu à peu, le diélectrique sera réduit
en couche de plus en plus mince entre les deux surfaces
en regard. Le petit condensateur ainsi formé augmentera
peu à peu de capacité et l'on conçoit qu'à un moment déterminé, il ait la charge maximum qu'il peut supporter,
étant données la différence de potentiel établie entre ses
armatures et l'épaisseur du diélectrique. Si l'on augmente, à ce moment, cette différence de potentiel par un
moyen quelconque, le condensateur crève et il se produit
une soudure entre les deux conducteurs, grâce à un en-
traînement de matière : c'est le cas des cohéreurs ordinaires. A la vérité, la résistance n'est pas toujours ou
pratiquement infinie ou pratiquement nulle ; elle prend
parfois une valeur mesurable, bien que très grande,
lorsqu'on rapproche convenablement les conducteurs.
On peut admettre que, sous une couche très mince, l'on
atteint la limite de cohésion diélectrique de M. Bouty,
pour cette épaisseur et la différence de potentiel existante ; avant de livrer passage à l'étincelle, le diélectrique

----

1. FERRIÉ, *loc. cit.*

se laisse traverser par un effluve qui est la cause de la
conductibilité constatée [1], et l'étincelle ne jaillit que
lorsque la différence de potentiel est suffisamment augmentée pour chasser le diélectrique [2] (ce fait a été observé
souvent avec des distances explosives notables et de
hauts potentiels). Suivant l'adhérence du diélectrique aux
conducteurs, cet effluve peut être plus ou moins renforcé, à mesure que l'on augmente la différence de potentiel, avant de livrer passage à l'étincelle.

Lorsque cette limite est suffisamment étendue, en raison de la nature des corps employés, une augmentation
faible de potentiel sera suivie d'une augmentation de
l'effluve, et, par suite, de la conductibilité du contact
avec retour à l'état initial, grâce à l'élasticité du diélectrique, lorsque la différence de potentiel sera ramenée à
sa valeur primitive ; c'est le cas des cohéreurs autodécohérents [3].

A l'appui de cette manière de voir sur l'influence de
l'adhérence du diélectrique avec les conducteurs, nous
citerons l'expérience qui consiste à faire un cohéreur au
moyen d'un fragment de mousse de platine compris entre

1. M. Villard a vérifié que l'effluve des tubes à vide est conducteur en
plongeant dans cet effluve deux électrodes mises en circuit avec un gaval-
nomètre et une force électromotrice de 1 volt.

2. L'expérience suivante, due à M. Rochefort, donne une nouvelle force à
cette théorie : si l'on soumet un cohéreur à électrodes et limaille de fer, à
l'action des ondes hertziennes de faible intensité, il se comporte comme un
autodécohérent, c'est-à-dire qu'il reprend sa résistance primitive sans qu'il
soit nécessaire de lui donner un choc. Si, au contraire, des ondes sont énergiques, la chute de résistance produite est persistante, et il faut un choc pour
la ramener à sa valeur initiale.

3. La conductibilité du diélectrique dans ces conditions paraît être démontrée par l'expérience ci-après, déjà signalée par l'un de nous au Congrès des
électriciens de 1900 :

Une rondelle de charbon très dur, parfaitement polie, est fixée sur une
petite planchette légère, en même temps qu'une potence en cuivre dont l'extrémité, filetée, livre passage à une vis micrométrique ; sur la tête de
cette vis est fixée horizontalement une longue tige métallique, et sa partie
inférieure est munie d'un fragment de métal inoxydable, argent ou or. On
intercale la potence et la rondelle dans un circuit comprenant un élément de
pile, un milliampèremètre et une petite bobine d'induction de poste micro-
phonique. Le secondaire de celle-ci est fermé sur un écouteur téléphonique

deux électrodes métalliques : le cohéreur obtenu est auto-décohérent, alors qu'on obtient toujours un cohéreur ordinaire avec un fragment de platine fondu. De plus, sauf dans certains cas où le phénomène a un caractère fugace, les cohéreurs autodécohérents sont obtenus au moyen de corps ayant une porosité considérable, le charbon par exemple, c'est-à-dire de corps dont les surfaces pénètrent, en quelque sorte, le diélectrique.

Lorsqu'on remplace le diélectrique par un électrolyte, celui-ci est plus ou moins décomposé suivant la différence de potentiel existante ; les gaz mis en liberté augmentent la résistance, et l'on a, dans ce cas, des anticohéreurs. Avec tous les électrolytes liquides, on observe l'autodécohérence : les gaz s'échappent aussitôt après leur mise en liberté. Si, au contraire, on opère avec des électrolytes solides, la cohérence négative ou augmentation de résistance persiste, les gaz produits restant adhérents aux conducteurs. Il existe d'ailleurs très peu de corps permettant d'obtenir l'anticohérence persistante. Si l'électrolyte employé est l'eau, celle-ci se comporte, tantôt comme diélectrique, tantôt comme électrolyte, et on observe soit

---

ordinaire, posé sur la même table et à petite distance de la planchette ci-dessus. En rapprochant, au moyen de légers coups donnés sur la tige horizontale, le fragment d'or de la rondelle de charbon, on constate qu'à un moment donné, le téléphone rend un son musical très fort et très net qui persiste pendant longtemps sans que l'on touche à aucune partie du dispositif. Le son varie parfois de hauteur et d'intensité suivant la position du téléphone sur la table et la nature du métal constituant le contact imparfait. Mais le son ne se produit pas lorsque le téléphone n'est pas posé sur la table. Il est donc dû à la transmission des vibrations du téléphone au contact imparfait. Nous avons intercalé dans le circuit un oscillographe Blondel et constaté que l'intensité du courant n'était jamais nulle et que la courbe inscrite était une sinusoïde régulière à grande amplitude, mais dont les minimums étaient parfois à une distance très grande de la ligne des o. Quelquefois ces minimums sont eux-mêmes situés sur une sinusoïde à fréquence beaucoup plus faible, mais parfaitement régulière.

Ce phénomène paraît pouvoir s'expliquer par la variation d'épaisseur du diélectrique interposé, variation causée par les vibrations transmises ; le diélectrique, sous ces faibles épaisseurs, se comporte alors comme un conducteur, grâce à la production permanente d'un effluve entre les deux corps en contact imparfait.

des phénomènes de cohérence persistante, soit des phénomènes d'anticohérence autodécohérente.

Tous les faits observés dans l'étude des contacts imparfaits peuvent être expliqués par les considérations que nous venons d'exposer.

Temps de cohérence. — M. Matha a fait observer qu'il fallait tenir compte, dans l'étude de certains phénomènes, du *temps de cohérence,* c'est-à-dire de l'intervalle de temps qui sépare le moment où le cohéreur est soumis à une action extérieure, et celui où il est rendu conducteur.

L'existence de ce *temps de cohérence* permettrait en particulier d'expliquer la différence d'action des oscillations amorties et des oscillations peu amorties. En effet, le cohéreur pouvant être assimilé à un condensateur, qui *crève* lorsque la différence de tension dépasse une certaine valeur, on peut admettre que l'action de la première oscillation d'une décharge est de donner une charge d'un sens déterminé; il s'écoulera un certain temps, probablement variable et très court, avant que cette charge ait actionné le cohéreur. La deuxième oscillation, de sens contraire à la première, a pour effet de donner une charge inverse de celle qu'avait donnée la première oscillation, l'action de celle-ci peut donc être arrêtée si elle n'a pas encore établi la conductibilité du cohéreur.

Dans le cas d'oscillations très amorties, il y a une grande différence d'énergie entre les deux premières oscillations d'une décharge, et l'effet de la deuxième, très inférieur à celui de la première, ne gêne pas sensiblement son action, mais cette différence d'énergie, entre les deux premières oscillations d'une décharge, décroît à mesure que l'amortissement diminue.

On voit ainsi qu'en employant le cohéreur comme récepteur, les distances de communication décroissent en même temps que l'amortissement.

Construction de cohéreurs ordinaires pour la télégraphie sans fil. — On a essayé de se servir, pour la télégraphie sans fil, de toutes les espèces de contacts imparfaits. Actuellement encore trois sortes d'instruments sont employés : les cohéreurs ordinaires, les autodécohérents au charbon et les anticohéreurs autodécohérents à l'eau. Mais ces deux dernières espèces ont un fonctionnement irrégulier ; de plus, elles ne se prêtent pas à l'emploi d'un relais et par suite à l'inscription des télégrammes. Aussi ces cohéreurs sont-ils beaucoup moins employés que les premiers, bien que leur sensibilité soit parfois très grande, supérieure même à celle de certains cohéreurs ordinaires.

Un grand nombre de types de cohéreurs ordinaires ont été proposés et expérimentés de tous côtés : cohéreurs

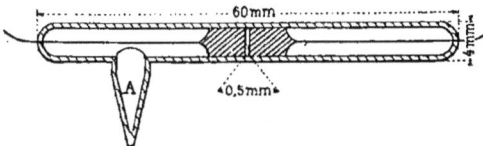

Fig. 59.

à limaille, cohéreurs à billes, cohéreurs à contact unique, etc. Ce sont les cohéreurs à limaille qui ont toujours donné les meilleurs résultats.

Les conditions auxquelles doit satisfaire un cohéreur pour la télégraphie sans fil sont la sensibilité et la régularité, c'est-à-dire qu'il doit présenter une chute maximum de résistance pour une augmentation minimum de différence de potentiel, avec un retour régulier et certain à sa résistance primitive, au moindre choc. Ces deux conditions sont difficiles à réunir simultanément. Nous allons examiner les causes qui influent sur chacune d'elles.

La forme de cohéreur le plus généralement employée est celle qu'avait choisie tout d'abord M. Branly (fig. 59). Dans un tube en verre sont ajustées deux électrodes métalliques placées à une distance comprise entre 0,5 mm et 1 mm ; de la limaille métaillique fine et régulière est placée entre ces deux électrodes. Tout d'abord l'expérience montre que la sensibilité de l'instrument ne dépend pas de ses dimensions et très peu de l'écartement des électrodes, dans certaines limites cependant. Ce dernier fait tend à prouver que les contacts utiles sont ceux des limailles avec les électrodes et non des limailles entre elles. En revanche, la sensibilité dépend tout d'abord de de la nature des métaux en contact, de leur degré d'oxydation et de la finesse des limailles ; cette finesse ne doit pas cependant dépasser certaines limites, car, avec des poussières, les résultats sont très irréguliers. L'influence de la nature des métaux constituant les limailles et les électrodes est considérable. Il est nécessaire et suffisant, pour un usage pratique, que l'un des deux soit légèrement oxydable, sans quoi les tensions critiques seraient trop faibles. La pression exercée par la limaille sur les électrodes a également une grande importance : si la pression est trop faible, l'instrument est peu sensible ; si elle est trop forte, il est conducteur en permanence. Cette pression peut être réglée, soit par la quantité de limaille, soit par l'effet d'un champ magnétique, lorsque la limaille et les électrodes sont faites de métaux magnétiques (Tissot).

Enfin, la différence de potentiel normalement établie entre les électrodes, par le circuit dans lequel est intercalé l'instrument, influe également sur sa sensibilité, surtout si l'on fait varier en même temps la quantité de limaille (Blondel).

La sensibilité la plus grande est obtenue, pour les différences de potentiel minimum, avec la pression la plus grande que l'on puisse donner aux limailles, c'est-à-dire pour la différence de potentiel la plus voisine de la tension critique de cohérence.

La régularité de fonctionnement des cohéreurs dépend des mêmes causes que la sensibilité, mais en sens inverse, en ce qui concerne le retour certain à la résistance primitive par le moindre choc. On conçoit en effet qu'un cohéreur est d'autant plus sensible qu'il est placé au repos dans des conditions où il lui faudra la variation la plus faible du potentiel pour l'actionner; mais après cette action, le choc, toujours brutal, destiné à le ramener au repos peut augmenter, par exemple, le tassement des limailles, de telle sorte que l'appareil est de nouveau rendu conducteur quand celles-ci ont repris l'immobilité. Cependant, une des conditions qui influe sur la sensibilité, influe dans le même sens sur la régularité; c'est la différence de potentiel établie normalement entre les bornes des électrodes. En effet, plus cette différence sera faible, moins grande sera la force électromotrice de self-induction $L \frac{di}{dt}$ qui prend naissance dans le circuit, lorsque le choc du marteau rompt le courant, puisque l'intensité de ce dernier sera d'autant plus faible. Cette force électromotrice de self-induction a souvent une valeur suffisante pour dépasser la tension critique du cohéreur et, par suite, pour l'actionner de nouveau et lui faire *traîner* les signaux. Nous verrons plus loin que l'on peut, dans un récepteur de télégraphie sans fil, soustraire le cohéreur à l'influence de cette force électromotrice de self-induction.

Enfin, un cohéreur de télégraphie sans fil doit avoir la plus longue durée possible; il est nécessaire pour cela qu'il ne contienne pas du tout de vapeur d'eau, qui oxyderait les métaux et diminuerait notablement sa sensibilité. Il est aussi préférable de faire le vide, ou de remplir le cohéreur d'un gaz inerte pour soustraire les métaux à l'action de l'oxygène. Pourtant, l'expérience nous a montré que cette précaution n'est pas indispensable lorsque l'air contenu dans le cohéreur est parfaitement sec. De plus, le cohéreur ne doit pas être traversé par des courants de trop forte intensité, dont l'action est de modifier le degré d'oxydation des métaux. L'emploi de faibles différences de potentiel permet encore de satisfaire à cette condition.

La difficulté d'obtenir des cohéreurs à la fois très sensibles et réguliers a conduit la plupart des expérimentateurs à se contenter de peu de sensibilité. M. Marconi emploie des cohéreurs à limaille de nickel comprise entre électrodes de maillechort (fig. 59). Le vide est fait à l'intérieur de ces instruments, qui sont employés sous 1,5 volt; mais le récepteur est constitué de telle sorte qu'il ne passe jamais dans l'instrument qu'une très faible intensité, un dixième de milliampère environ. M. Slaby

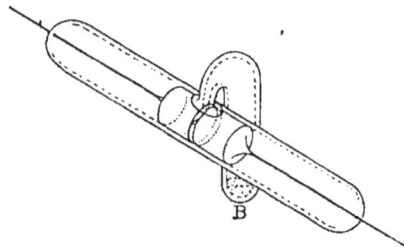

Fig. 60.

emploie des cohéreurs à vide et à limaille d'argent ou de nickel sous 1,5 volt également. M. Tissot préconise l'emploi des cohéreurs à vide et à limaille de fer comprise entre électrodes de fer; la pression de la limaille est réglée par un petit aimant, dont les lignes de force sont parallèles à l'axe du tube. Les électrodes sont taillées en biseau.

M. Ducretet construit des cohéreurs démontables, dans lesquels la pression de la limaille peut être réglée par le déplacement de l'une des électrodes.

M. Rochefort emploie, avec le montage décrit page 107, des cohéreurs à trois électrodes, celle du milieu étant constituée par un disque métallique.

M. Blondel a construit des cohéreurs à vide munis d'une poche en verre pleine de limaille. On peut ainsi faire varier à volonté la quantité de limaille comprise entre les électrodes, et la retirer lorsque l'instrument n'est pas employé (fig. 60).

Nous avons légèrement modifié la forme de ce cohéreur (fig. 61) en en conservant le principe, de manière à le rendre moins fragile, et plus commode à fixer. La réserve de limaille est contenue dans un évidement H pratiqué dans l'une des électrodes, et une encoche r ménagée suivant une génératrice permet de faire passer la limaille pour l'introduire dans l'espace utile l. Tube, électrodes et limaille sont parfaitement séchés et le tube fermé à la cire ; les deux extrémités sont protégées par des

Fig. 61.

douilles métalliques munies de petites bornes v, auxquelles viennent s'attacher les fils des électrodes, qui permettent d'intercaler facilement l'instrument dans un circuit.

Suivant la sensibilité à atteindre, nous employons des limailles d'or ou d'argent alliés de cuivre en proportion variable, d'or ou d'argent vierges, comprises entre électrodes de maillechort ou d'acier. L'or vierge donne les cohéreurs les plus sensibles.

Ces instruments sont employés sous le voltage de 0,2 volt à 1 volt, suivant leur construction. Un potentiomètre spécial très simple est toujours intercalé dans le circuit, et permet de faire varier le voltage aux bornes du cohéreur, de manière à lui donner une valeur aussi voisine que possible de la tension critique de cohérence. On peut donc, en faisant varier la quantité de limaille et le voltage, faire varier la sensibilité du cohéreur. On dispose, par suite, d'un moyen de mesurer approximativement l'énergie à laquelle est soumis le cohéreur, en jugeant de la sensibilité qu'il faut lui donner pour qu'il soit actionné.

Retour des cohéreurs à leur résistance initiale. — On emploie généralement un choc pour ramener les cohéreurs à leur résistance initiale. Ce choc est produit le plus souvent par le marteau d'un trembleur électrique commandé par le relais, comme on le verra tout à l'heure.

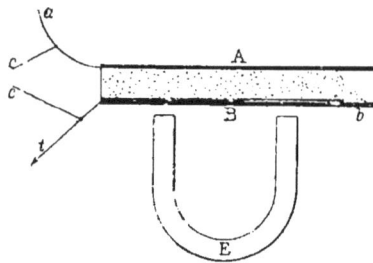

Fig. 62.

M. Tommasina a essayé de remplacer, pour un cohéreur à limaille d'acier, fer, nickel, cobalt, le frappeur par un électro-aimant en dérivation, qui est aimanté dès que le cohéreur est actionné et, par suite, attire aussitôt la limaille et la décohère. Mais nous avons constaté que ce dispositif présente un inconvénient, comme le dispositif Tissot décrit plus haut : la limaille s'aimante au bout d'un certain temps, sa tension critique s'abaisse fortement et il n'est plus possible de la décohérer sous les voltages employés pratiquement.

Plusieurs physiciens ont eu l'idée de provoquer la décohérence du tube en le fixant à la membrane d'un téléphone, actionné soit par le courant du circuit local du cohéreur, soit par un courant commandé par le relais. Les résultats n'ont pas été très bons.

MM. Lodge et Muirhead avaient déjà, dans un brevet accepté le 16 juillet 1898, préconisé l'emploi de cohéreur à décohésion magnétique. Dans leur appareil (fig. 62), la limaille est maintenue entre deux lames métalliques, dont l'une B est recouverte d'une couche de vernis isolant, sauf sur une bande étroite b. Le tout est placé au-dessus et près d'un aimant E.

Quand ces limailles sont cohérées sous l'action d'oscillations, le courant du circuit du relais traverse la lame inférieure qui est alors attirée par l'aimant. Ce mouvement suffirait à décohérer la limaille.

Les mêmes physiciens ont aussi recommandé l'emploi

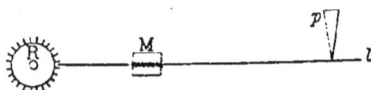

Fig. 63.

de cohéreurs à contact unique. Ce type d'appareil (fig. 63) se compose d'une languette l en aluminium ou en acier, pincée dans une mâchoire M, sur laquelle s'appuie une pointe d'acier p. Une roue dentée R, mue par un mouvement d'horlogerie, fait vibrer la languette et décohère son contact avec la pointe p.

M. Branly a récemment présenté un cohéreur à contact unique formé d'un trépied d'aiguilles d'acier, reposant sur un plan métallique poli. Le contact utile est celui des aiguilles avec le plan. L'instrument est placé sur l'appareil Morse, et les trépidations causées par le mouvement d'horlogerie suffisent à le décohérer.

M. Lodge préconise l'emploi d'un cohéreur constitué de la manière suivante. Le contact imparfait est obtenu au moyen d'un disque mobile en acier et d'une colonne de mercure, le tout plongé dans l'huile. Le mouvement du disque rend inutile l'emploi du tapeur. On aurait ainsi un instrument d'une sensibilité et d'une régularité parfaites.

Construction et emploi de cohéreurs autodécohérents pour la télégraphie sans fil. — L'expérience montre que les contacts de ce genre qui donnent les meilleurs résultats pratiques sont ceux qui comprennent au moins un conducteur en charbon, ou alliage de charbon, acier par exemple.

On peut, comme M. Popoff, disposer dans un tube recouvert intérieurement de deux bandes de platine très voisines, des grains d'acier produits par le broiement de perles d'acier. Deux éléments de pile peuvent être mis en circuit dans ce cas.

M. Tommasina emploie des grains de charbon compris entre électrodes de maillechort.

M. Ducretet construit des instruments dont le contact imparfait est constitué au moyen d'aiguilles d'acier et de blocs de charbon.

Nous avons obtenu d'excellents résultats, en particulier, avec des grains de charbon très dur compris entre électrodes de zinc, le tout étant plongé dans le pétrole ou la paraffine. Le zinc peut aussi être remplacé par l'acier ou le fer, on peut alors régler la pression au moyen d'un aimant. La résistance d'un pareil contact doit être de 4 000 ou 5 000 ohms. Mais tous ces instruments, comme on l'a déjà vu, se dérèglent assez rapidement ; il est nécessaire de les retoucher fréquemment pour qu'ils présentent au repos la conductibilité indispensable à leur fonctionnement. Il est commode de placer un dix-milliampèremètre en circuit avec le cohéreur et le téléphone pour juger à chaque instant de l'état de la conductibilité du contact. Pour ramener cette dernière à la valeur qui correspond à un bon fonctionnement et qui dépend de la nature des corps mis en contact, on peut rendre une des électrodes mobile et régler la pression au moyen d'un aimant ou d'une vis ou simplement par inclinaison du tube.

M. Castelli a obtenu un excellent cohéreur autodécohérent en enfermant dans un tube de verre une goutte de mercure entre deux électrodes de fer f (fig. 64). Un second dispositif consiste à placer dans le tube, de part et d'autre d'un petit cylindre de fer f (fig. 65), deux gouttes de mercure m maintenues par deux cylindres de

Fig. 64

charbon c. Il est avantageux de donner aux gouttes de mercure un diamètre de 2 mm environ, dans un tube de 3 à 4 mm de diamètre intérieur.

Le cohéreur Michin est constitué par un cylindre de charbon de 1 cm de longueur, dont les extrémités sont

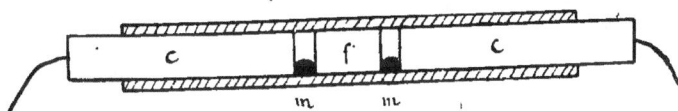

Fig. 65.

appuyées sur deux crochets en aluminium a (fig. 66). Les points de suspension constituent le contact imparfait. L'aluminium est suspendu par un fil de platine l dans un tube de verre O, fermé à la lampe, contenant un peu de mercure M dans le fond et rempli de vapeurs mercurielles par ébullition. Le circuit est complété par un fil l' traversant le verre jusqu'au mercure, et un fil l'' relié au charbon et plongeant dans le mercure.

Bien que tous les autodécohérents ne puissent être employés isolément à un service pratique, car leur irrégularité nécessite la présence permanente d'un opérateur devant les appareils, ils peuvent souvent être utiles comme appareils complémentaires. Leur sensibilité, lorsqu'ils sont bien réglés, est parfois supérieure à celle de certains bons tubes ordinaires, et en cas d'avarie du récepteur ordinaire, on peut les employer provisoirement.

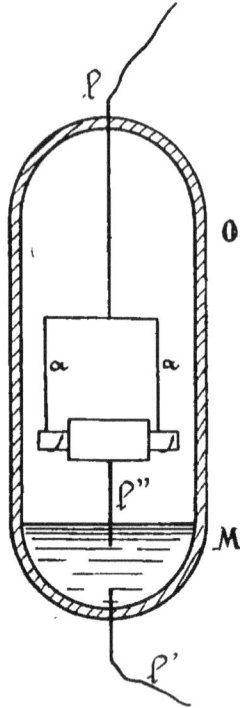

Enfin, on peut dans certains cas les remplacer par des microphones très sensibles que l'on met en circuit avec une faible force électromotrice.

Quel que soit le modèle employé, il ne peut être fait usage d'un relais actionnant un appareil Morse ; la réception ne peut alors être faite qu'au son dans un téléphone ou monotéléphone.

On peut employer l'un des deux montages suivants :

1º Le cohéreur est relié d'une part à l'antenne et d'autre part à la terre (fig. 67) ; en dérivation sur lui est placé le circuit contenant un élément de pile *p* et un ou deux écouteurs téléphoniques.

Fig. 66.

2º L'écouteur est remplacé dans le circuit du cohéreur par le primaire P (fig. 68) d'une petite bobine d'induction dont le secondaire S est fermé sur le ou les écouteurs.

On peut aussi dans certain cas faire usage de jiggers.

Ces mêmes montages sont employés pour les anticohéreurs et les détecteurs décrits ci-après.

*Construction des anticohéreurs pour la télégraphie
sans fil.* — Les anticohéreurs autodécohérents sont peu
employés ; ils sont notablement moins sensibles que les

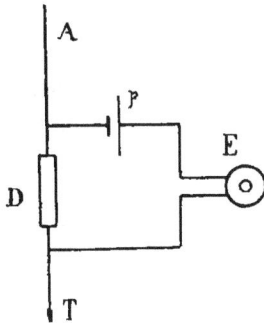

Fig. 67.

cohéreurs. Cependant M. Bela Schäfer a obtenu de bons
résultats en coupant l'argenture d'un miroir par un ou

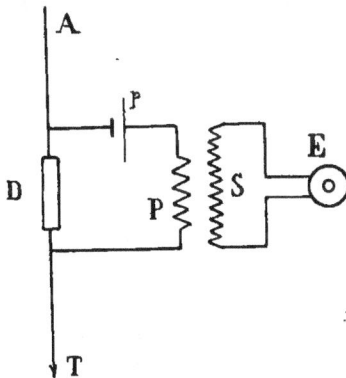

Fig. 68.

plusieurs traits fins parallèles et en recouvrant le tout
d'un enduit spécial, probablement destiné à préserver
de l'évaporation la mince couche d'électrolyte nécessaire
au fonctionnement.

M. Tommasina recommande l'emploi de limaille d'argent, mêlée de lycopode en poudre très fine, le tout étant mélangé à un peu de glycérine et compris entre deux électrodes de fer. Les sons perçus dans un téléphone en employant un instrument ainsi construit sont très forts.

M. Schölmich préconise l'emploi d'une sorte de voltamètre à électrodes de platine et eau acidulée.

On peut obtenir des résultats analogues avec toutes sortes de conducteurs et d'électrolytes. Mais tous ces appareils, comme les cohéreurs autodécohérents, manquent de sensibilité ou de régularité, et leur emploi en télégraphie sans fil ne peut être qu'accessoire.

Détecteurs.

Bien que les cohéreurs soient aussi des détecteurs, on désigne généralement sous ce nom les instruments capables de déceler la présence d'ondes hertziennes, qui ne sont pas des cohéreurs. Nous ne décrirons que ceux qui ont été l'objet d'applications réelles à la télégraphie sans fil et qui, pour la plupart, appartiennent à la catégorie des totalisateurs, dont il a été question plus haut.

Détecteur Fessenden. — Le principe de ce détecteur est celui du bolomètre ; il enregistre les variations de résistance d'un conducteur sous l'effet de la chaleur produite par le passage d'oscillations circulant dans ce conducteur. La perte de chaleur par radiation est négligeable par rapport à la perte de conductibilité ; de plus, une quantité infinitésimale d'énergie est suffisante pour produire une perte de conductibilité appréciable.

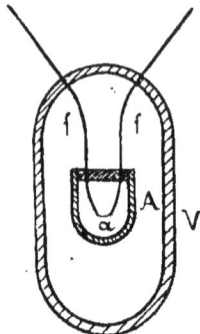

Fig. 69.

Ce détecteur se compose (fig. 69)

d'une petite boucle *a* de fil de platine très fin, fixée à deux conducteurs *f* et contenue dans une ampoule de verre V. Le fil de platine, préparé par le procédé de Wollaston, n'a que 0,02 mm de diamètre. Pour diminuer la perte par rayonnement, on entoure la boucle d'une coquille d'argent A.

La sensibilité d'un pareil détecteur serait à peu près comparable à celle d'un cohéreur, toutes autres choses égales d'ailleurs.

Il est employé en le plaçant en série avec un ou deux écouteurs téléphoniques et une faible force électromotrice (page 117).

Détecteur à hystérésis. — Parmi les nombreux détecteurs découverts depuis les travaux de Hertz, il en est un

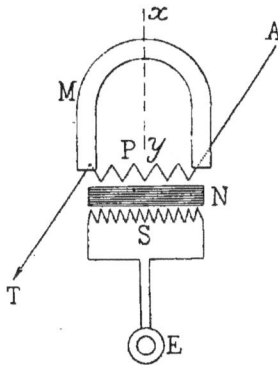

Fig. 70.

en particulier qui ne semblait pas devoir sortir des limites du laboratoire, c'est celui qui est basé sur la variation d'hystérésis d'un métal magnétique sous l'action des ondes hertziennes.

Divers physiciens l'avaient depuis longtemps étudié : M. Rutherford, entre autres, était parvenu à déceler des ondes hertziennes à une distance de 1 200 mètres par le dispositif suivant.

Des aiguilles aimantées à saturation étaient placées à l'intérieur d'un solénoïde relié à des plaques métalliques soumises à l'action des ondes hertziennes ; un magnéto-mètre convenablement disposé permettait de juger l'action produite.

M. Marconi, avec sa remarquable ingéniosité, a basé sur ce principe un appareil pratique dont la sensibilité est comparable à celle des cohéreurs et dont la régularité ne laisse rien à désirer.

Sur un noyau N, en fils de fil·de fer de petit diamètre,

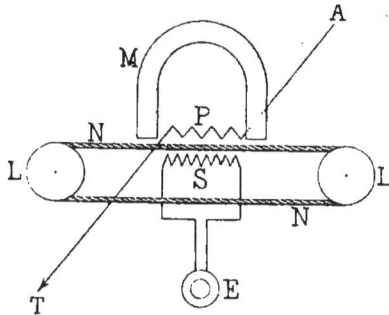

Fig. 71.

est enroulé une faible longueur de fil de cuivre isolé P (fig. 70) ; au-dessus de celui-ci est placé un second en-roulement S, plus long, dont les extrémités sont reliées à un téléphone E.

Le premier fil est mis en communication, d'une part avec l'antenne, d'autre part avec la terre.

Près des extrémités du noyau sont placés les pôles d'un aimant en fer en cheval tournant autour de son axe xy. L'aimantation du noyau est donc constamment variable.

Si des oscillations s'établissent dans l'antenne et par

suite dans l'enroulement P, il se produit de brusques variations d'aimantation (correspondant à chacun des trains d'onde), qui induisent dans le secondaire S des courants se traduisant par des sons dans le téléphone.

L'intensité des sons est maximum pendant que l'aimant se rapproche du noyau et minimum quand l'aimant s'éloigne.

M. Marconi emploie également un second montage dont certaines dispositions rappellent l'appareil Poulsen.

Entre les pôles d'un aimant fixe M (fig. 71) est placée une bobine portant les mêmes enroulements P et S que dans le premier dispositif. Son noyau est constitué par un câble NN en fer, formé de fils fins, tournant en câble sans fin, sur deux poulies L entraînées par un mouvement d'horlogerie.

On peut, au lieu d'un seul aimant, en placer deux ou plusieurs.

Les résultats les meilleurs sont obtenus, avec le premier dispositif, lorsque la vitesse de l'aimant est de un tour en deux secondes, et avec le second, lorsque le câble a une vitesse de 8 cm à la seconde.

Dans l'un des appareils employés, le noyau était formé de 30 fils de fer étiré de 0,5 mm de diamètre; le circuit primaire avait une longueur de 2,40 m et était fait en fil de 19/100, le secondaire avait une résistance égale à celle du téléphone.

Les distances de communication obtenues avec cet appareil ont été supérieures à celles que l'on avait pu réaliser avec cohéreur, lorsque les transmissions étaient faites au moyen d'oscillations peu amorties.

Monotéléphone Mercadier.

Le monotéléphone Mercadier, dont l'emploi est prévu pour certains systèmes, entre autres la syntonie Blondel, est basé sur la théorie suivante.

Lorsqu'on met en vibration une lame circulaire de fer ou d'acier, celle-ci se comporte comme une lame rectangulaire, c'est-à-dire qu'elle émet un son déterminé dont le nombre de vibrations par seconde n, est donné par la formule suivante :

$$n = K\,\frac{e}{d^2},$$

dans laquelle K est un coefficient qui dépend de l'élasticité et de la densité du métal, e l'épaisseur et d le diamètre de la lame.

Toutefois, cette loi n'est vraie que pour des épaisseurs satisfaisant à certaines conditions. Si on suppose celles-ci remplies pour un disque donné que l'on emploie comme membrane d'un téléphone, ce dernier produira un son considérablement renforcé, lorsqu'il sera parcouru par des courants variables dont la période égale $\frac{1}{n}$. Au contraire, le son sera très faible si les courants ont une période nettement différente.

Un pareil téléphone ne renforce donc véritablement qu'un son, d'où le nom de *monotéléphone*.

Dans la pratique, on n'emploie pas le son fondamental du disque, en raison de la difficulté de réaliser un dispositif stable permettant d'obtenir ce son ; il est préférable de faire usage du premier harmonique. Il suffit pour cela de soutenir la plaque en trois points de la circonférence qui constitue la ligne nodale du premier harmonique ; cette circonférence a un rayon égal aux 68/100 de celui de la plaque.

La théorie complète de la vibration des plaques a été donnée par Sophie Germain, Poisson, etc., et la vérification de la loi du nombre n, en particulier, a été faite par de nombreuses expériences dues à M. Mercadier. D'après ces expériences, on ne peut calculer d'avance le son d'un disque, que si son épaisseur est au moins égale à 1 mm.

Toutefois, la théorie n'est pas ébranlée par ce fait, car les divergences constatées entre le calcul et l'expérience pour des plaques de faible épaisseur, proviennent en grande partie des défauts d'homogénéité du métal. Cette influence est mise en évidence en répandant du sable sur un disque mis en vibrations par un choc : le sable se dispose suivant les nodales et on constate que celles-ci ont, en général, des formes très irrégulières dans le cas des plaques minces.

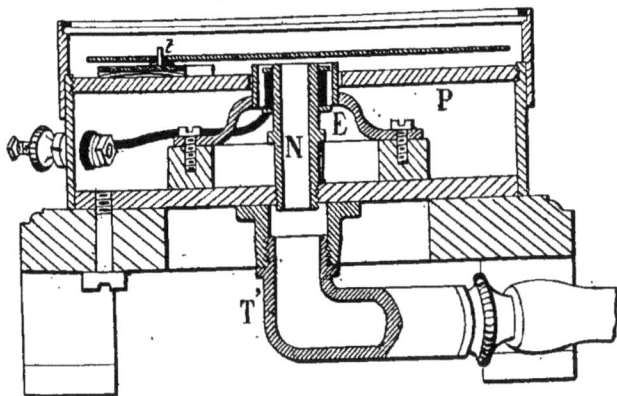

Fig. 72.

Le monotéléphone de M. Mercadier est construit de la manière suivante.

Dans une boîte cylindrique (fig. 72), recouverte d'un couvercle vitré, est placé un aimant puissant dont le noyau creux N est recouvert, comme dans un téléphone ordinaire, d'une bobine E dont la résistance est de 200 à 400 ohms.

La membrane a 2 mm environ d'épaisseur; elle est simplement posée sur trois points de la première nodale, au lieu d'être encastrée sur toute sa circonférence, comme dans les téléphones ordinaires. Ces trois points d'appui sont constitués par des tiges d'ivoire fixées à des glissières *l*, supportées elles-mêmes par une plate-forme que l'on peut visser ou dévisser de manière à rapprocher ou à éloigner la membrane de l'aimant.

Les diamètres des membranes sont déterminés par la condition qu'elles rendent, pour leur premier harmonique, les sons *si*₃ (480 vibrations), *ut*₃ (512 vibrations), *ut*₃ *dièse* (543) et ainsi de suite de demi-ton en demi-ton jusqu'au *la*₄ *dièse,* inclusivement.

Pour recueillir les ondes sonores produites par la vibration de l'instrument, un tube T est ajouté au noyau creux de l'aimant et divisé en deux branches reliées aux oreilles par l'intermédiaire de tubes légers en caoutchouc terminés par deux embouts recourbés, en ébonite ou en verre. Ceux-ci peuvent être fixés aux oreilles par un ressort en acier passant sous le menton.

L'emploi des monotéléphones en télégraphie sans fil est semblable à celui des téléphones ordinaires ; il suffit que la transmission soit telle, que la fréquence des trains d'ondes soit égale au son propre du monotéléphone.

Tapeurs.

Lorsqu'on fait usage de cohéreurs ordinaires, il est nécessaire, comme on l'a vu, de leur donner un choc pour les ramener à l'état initial après qu'ils ont subi l'action des oscillations. L'instrument destiné à jouer ce rôle est appelé trembleur, frappeur ou tapeur. On a essayé d'employer des tapeurs automatiques mus par un mouvement d'horlogerie, mais il est préférable d'employer un tapeur intermittent, mis en action par le relais en même temps que l'appareil Morse. Ces tapeurs ont une grande importance, car de la régularité de leur fonctionnement dépend le bon enregistrement des signaux.

M. Marconi emploie (fig. 73) un tapeur à forte résistance, 500 ohms, dont les mouvements sont extrêmement doux, le marteau effleure à peine le tube. Cela permet de placer les cohéreurs sous un voltage voisin de la tension critique, les mouvements imprimés à la limaille par les chocs ne risquant pas de la tasser au point de la réactionner par augmentation de pression. Les mouve-

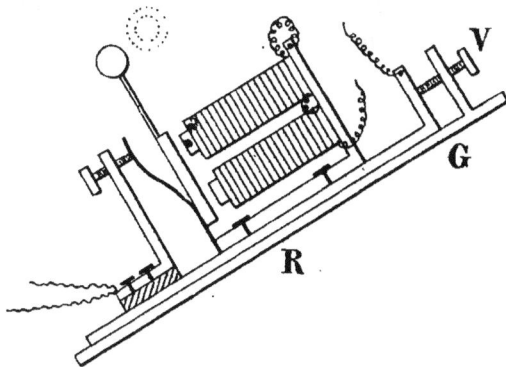

Fig. 73.

ments de la palette sont encore adoucis par la présence de shunts sans self-induction sur les bobines et sur

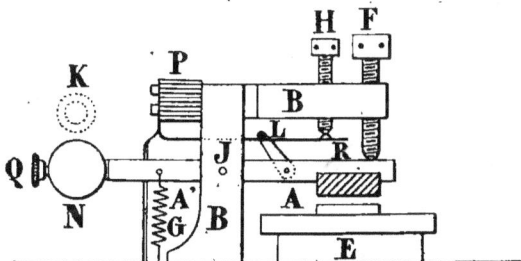

Fig. 74.

l'étincelle. Le fonctionnement et le réglage sont ceux d'une sonnerie électrique ordinaire.

M. Slaby, pour faciliter le retour du cohéreur à sa résistance initiale, coupe son circuit avant de donner le choc. Ce procédé avait déjà été indiqué par M. Branly.

L'appareil consiste en un levier en acier AA (fig. 74) mobile autour d'une cheville J insérée dans un bâti en cuivre B, et portant une armature en fer. La course du levier est réglée par une vis F ; G est un ressort antagoniste. L'interruption du circuit du cohéreur se fait entre le ressort R et la vis H. Les vis-butoirs sont réglées de telle sorte que le marteau ne vient au contact du tube qu'après que le ressort R a quitté la vis H.

La résistance des bobines est faible, 13,5 ohms, et l'emploi de shunts pare-étincelles est rendu inutile sur le tapeur par ce mode de montage.

Nous employons avec succès un tapeur très simple

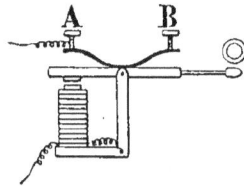

Fig. 75.

représenté schématiquement ci-dessus (fig. 75). L'interruption se fait en A, le ressort B servant de ressort antagoniste. Les réglages sont très faciles, mais il est nécessaire de placer des shunts sur les parties inductives, ce qui n'ajoute d'ailleurs aucune difficulté.

La résistance est de 200 ohms.

Supports de cohéreurs.

La manière de fixer les cohéreurs à leur support présente une importance considérable, en ce qui concerne la facilité de retour à l'état initial après le choc. Il importe de réduire au minimum les vibrations propres du tube, ces vibrations pouvant avoir pour effet de recohérer l'instrument.

M. Marconi attache le cohéreur dans une gouttière en celluloïd, pincée vers son extrémité dans une mâchoire supportée par une potence.

M. Slaby maintient les tubes par une seule extrémité et le support permet la rotation du tube sur lui-même. Le choc n'a pas lieu directement sur le tube, mais sur une pièce métallique qui lui est adaptée.

M. Rochefort fixe le cohéreur entre deux ressorts verticaux portant de petits évidements en forme de calotte dans lesquels sont logés les extrémités du cohéreur.

Nous soutenons nos cohéreurs par une colonne à laquelle ils sont fixés par une vis de serrage, près de leur milieu, de manière à laisser tout juste la place du marteau.

Cette colonne est construite de manière à pouvoir facilement donner des mouvements aux tubes dans tous les sens, et les placer ainsi dans la meilleure position par rapport au marteau du tapeur.

Appareils Morse.

En raison de la lenteur de la transmission des signaux par la télégraphie sans fil, l'appareil Morse doit être à déroulement lent, 0,60 m à la minute environ. Tous les modèles d'appareils courants peuvent être employés, il suffit de ralentir leur vitesse par un moyen quelconque, en changeant le diamètre des cylindres entraîneurs par exemple.

Certains expérimentateurs font usage de morse automatique, c'est-à-dire déroulant au premier appel sans nécessiter l'intervention de l'opérateur. Mais la simplification apparente est bien illusoire, attendu que la nature des appareils ne permet pas de les abandonner à eux-mêmes pendant l'inscription d'un télégramme. La présence de l'opérateur est indispensable, il est alors plus simple de ne pas employer de morse automatique.

La résistance de l'appareil Morse doit être fonction de celle du tapeur, ces deux instruments étant en dérivation l'un sur l'autre. Toutefois, pour les équilibrer, il convient de tenir compte de la constante de temps du tapeur, lorsqu'il est destiné à trembler très vite.

Relais.

Les relais employés doivent être d'une sensibilité extrême, étant donnée la très faible intensité du courant qui les traverse, surtout si l'on fait usage de cohéreurs à bas voltage.

MM. Marconi et Slaby se servent du relais polarisé Siemens, de résistance variable suivant les cohéreurs employés. M. Marconi leur donne jusqu'à 10 000 ohms.

En France on préfère le relais à cadre mobile, genre Deprez, modèle Claude. Après de multiples essais, nous nous sommes arrêtés au type construit par M. Darras, d'une résistance propre de 500 ohms dans tous les cas. Ces relais sont d'une sensibilité et d'une régularité parfaites ; en particulier l'un d'eux n'a jamais été déréglé en deux années de service très chargé et mouvementé.

Pare-étincelle, shunts.

Pour éviter l'action sur le cohéreur des courants de self-induction produits dans les divers circuits d'un poste récepteur et des étincelles qu'ils provoquent, il est nécessaire de placer, sur les parties inductives, des shunts sans self, c'est-à-dire à enroulement replié, ou des condensateurs. La résistance à donner à ces shunts dépend de la résistance des parties inductives sur lesquelles ils sont placés en dérivation. On verra plus loin les valeurs choisies dans les divers montages.

On peut aussi employer des plaques de porcelaine métallisée.

M. Slaby remplace ces shunts par des piles de polarisation. En particulier sur le contact des relais est placée une pile de cinq éléments en forme de champignons de verre de 15 mm de longueur, pleins d'acide sulfurique étendu d'eau. Les électrodes sont des fils de platine de 0,6 mm de diamètre soudés dans le verre. Au repos cette petite pile est polarisée par le courant de la pile du tapeur et du morse; elle présente alors une résistance suffisante pour éviter toute grave déperdition du courant de la pile du morse.

Lorsque le relais est actionné, cette petite pile est mise en court-circuit sur le contact; elle se dépolarise, et sa résistance devient suffisamment faible pour livrer passage à l'extra-courant de rupture.

Il est, paraît-il, nécessaire de remplacer assez fréquemment cette pile de polarisation, son emploi ne paraît donc pas très avantageux.

Bobines de self.

Pour éviter que les oscillations qui doivent agir sur le cohéreur ne se dérivent en partie par le circuit du relais, beaucoup d'expérimentateurs intercalent dans ce circuit, de part et d'autre du cohéreur, des bobines présentant une impédance suffisante pour s'opposer au passage des oscillations.

Dans celui de nos montages qui est décrit plus loin (page 203), ces bobines ont un triple but.

Elles remplissent d'abord le rôle indiqué ci-dessus, puis elles s'opposent à une dérivation, dans le cohéreur, du courant de self-induction qui prend naissance dans les bobines du relais quand le choc du marteau coupe le courant.

Enfin, elles s'opposent également au passage des courants de self-induction produits par le tapeur et le morse, auxquels le cohéreur est relié dans ce montage.

Ces bobines peuvent être constituées par 15 m environ de fil de fer très fin, enroulé sur un noyau de verre de 3 ou 4 mm de diamètre et noyé dans la paraffine.

Jiggers, résonateurs, etc.

Les appareils spéciaux de syntonisation employés par M. Marconi et dont le principe a été donné page 95, sont constitués par des noyaux de bois ou d'ébonite, de 3 à 10 cm de diamètre, sur lesquels sont enroulés des fils très fins, de 6 à 12 centièmes de millimètre de diamètre, dont la longueur est fonction de la longueur d'onde, et qui constituent le secondaire. Le primaire est constitué par du fil plus gros, de 25 à 60 centièmes. Il est enroulé soit directement sur le secondaire, soit sur un anneau concentrique.

On ne connaît pas la règle d'après laquelle sont choisis

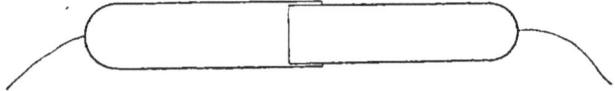

Fig. 76.

les longueurs, diamètres, etc., des fils et des bobines, suivant les longueurs d'onde employées. Théoriquement, la longueur du primaire paraît devoir être courte, et celle du secondaire équivalente à une demi-longueur de l'onde transmise.

Le condensateur qui réunit les deux extrémités intérieures du secondaire a une faible capacité, quelques millièmes de microfarad.

Le condensateur réglable, que l'on met parfois en dérivation sur le cohéreur pour parfaire le réglage, est formé de deux cylindres concentriques séparés par une couche isolante, et pouvant glisser l'un sur l'autre. Les cylindres ont 1 à 2 cm de diamètre et 6 ou 8 cm de longueur (fig. 76).

Les résonateurs Oudin, qu'emploie M. Slaby, n'ont rien de particulier. Ce sont des bobines dont le diamètre et la grosseur du fil sont fonction des longueurs d'onde employées. On ne connaît pas la règle d'après laquelle sont choisis les longueurs, diamètres, etc., de ces bobines.

Tous les expérimentateurs gardent d'ailleurs le secret de leur mode de confection des jiggers ou amplificateurs, qui sont en réalité la partie essentielle d'un poste récepteur.

CHAPITRE IX

INSTALLATION D'UNE STATION

Indépendamment du montage des appareils, l'installation d'une station doit satisfaire à diverses conditions qui présentent une certaine importance, tant au point de vue de la qualité des résultats que l'on peut obtenir, que de la commodité du service.

Choix de l'emplacement. — Lorsqu'on est libre de choisir l'emplacement de la station à établir, il y a avantage à se placer en un point où l'antenne soit bien dégagée, c'est-à-dire en un point éloigné de tout mouvement important de terrain, de toute construction élevée, rideaux d'arbres, canalisations électriques, etc.

La prise de terre doit pouvoir être faite commodément et aussi près que possible des appareils.

Il y a avantage à ce qu'il existe le moins possible d'obstacles entre les deux stations correspondantes.

Les positions les plus avantageuses sont donc les points culminants, s'il est possible d'y établir de bonnes prises de terre.

Dans le cas où ces prises de terre ne peuvent être faites qu'en mauvais terrain, il est possible d'y suppléer par de larges plaques métalliques.

Lorsque la station à établir doit être placée dans le voisinage de la mer, il y a intérêt à l'installer au bord même de la mer.

Supports d'antennes. — Le support d'antenne est généralement constitué par un mât analogue à un mât de navire. Ce mât, en plusieurs parties, est haubanné en divers points, suivant sa hauteur. Il est bon de constituer ces haubans au moyen de cordes à la partie supérieure, en réservant les haubans métalliques pour la partie inférieure. On évite ainsi une perte assez notable d'énergie.

L'antenne est suspendue par l'intermédiaire de cylindres isolants, à l'extrémité d'une vergue placée à la partie supérieure du mât et dont la longueur est assez grande pour écarter suffisamment l'antenne du mât et de ses haubans; on évite par là que le vent l'amène accidentellement à leur contact, ce qui pourrait occasionner des ratés dans les signaux.

On peut aussi être conduit à utiliser une tour ou un phare comme support d'antenne; on doit encore, dans ce cas, placer à la partie supérieure de la construction une longue vergue à laquelle on fixe l'antenne, de manière à l'éloigner le plus possible du support.

En outre, il est bon de placer le plan vertical de l'antenne et de son support perpendiculairement à la direction de la station correspondante.

Enfin, pour des stations qui ne doivent être mises en service que pendant peu de temps, il est avantageux de constituer le support d'antenne par un ballonnet de 5o à 100 m cubes ou un cerf-volant de 2 à 4 m carrés.

Dans le cas du ballonnet, l'antenne peut être faite en câble de bronze phosphoreux très solide et servir en même temps de cordage de retenue du ballon. Dans le cas du cerf-volant, il est préférable, étant donnée la grande inclinaison que prend généralement le cordage de retenue, de ne pas l'utiliser comme antenne. Celle-ci est alors suspendue en un point variable de ce cordage de retenue, suivant la hauteur que l'on veut avoir.

Antennes. — Quel que soit le type d'antenne employé, fils nus, fils isolés, cylindres de fils, cylindres métalliques, etc., l'isolement doit en être parfait sur toute son étendue.

L'extrémité inférieure est ordinairement munie d'une fiche que l'on enfonce dans des douilles, préparées à cet effet, sur le transmetteur ou sur le récepteur. Pour pouvoir faire facilement cette communication, on suspend généralement cette extrémité, par l'intermédiaire de cylindres d'ébonite, en un point situé à une distance égale entre les douilles de transmission et de réception.

La partie supérieure de l'antenne est fixée à son support, mât, ballonnet, cerf-volant, etc., par l'intermédiaire de cylindres d'ébonite.

La hauteur à donner aux antennes dépend de la distance des stations correspondantes ; les plus couramment employées sont comprises entre 30 et 50 m ; avec cette dernière hauteur on correspond aisément à 200 km en mer, sans syntonie, et à 400 km avec des postes convenablement accordés. A terre, il faut augmenter notablement ces hauteurs.

L'emploi d'antennes à grande surface permet de réduire les hauteurs. Ce seront donc finalement les conditions locales qui fixeront la forme et la hauteur à adopter pour une antenne destinée à une communication déterminée.

Locaux. — Les locaux nécessaires à une station doivent comprendre d'abord : le poste proprement dit, où se trouvent les appareils de transmission et de réception, et la salle des machines, où se trouve le groupe électrogène destiné à charger les accumulateurs ou à actionner le transformateur industriel.

Il faut y joindre des locaux accessoires en nombre variable : salles d'accumulateurs, ateliers, magasins, etc.

Une ouverture spéciale est percée dans le mur du poste proprement dit pour le passage de l'antenne, qui est isolée avec le plus grand soin. On peut, par exemple, fermer

cette ouverture par un double carreau de verre ou d'ébonite, au centre duquel est fixé un tube d'ébonite entou-
rant l'antenne en ce point.

Les stations établies en des pays dépourvus de ressources industrielles devront être largement dotées en
matériel de rechange, car tous les appareils sont délicats
et peuvent nécessiter des réparations importantes. En
particulier, toutes les machines et appareils devront être
en double exemplaire, et la station devra être munie d'un
atelier de réparations, comportant l'outillage et le personnel nécessaires.

Groupement des appareils. — Il importe tout d'abord
que les appareils de réception ne puissent être influencés
par la transmission de la même station. Le cohéreur n'est
pas le seul instrument qu'il soit nécessaire de soustraire
à cette influence ; le relais lui-même peut, dans certains
cas, être détérioré par les courants induits ou oscillations
qui prennent naissance dans ses bobines sous l'action
des oscillations transmises. Pour mettre ces appareils à
l'abri, on les enferme généralement dans une boîte métallique, formant cage de Faraday. Certains expérimentateurs se contentent d'ôter le cohéreur de son support
et de l'enfermer dans une boîte métallique. D'autres en-
ferment tous les appareils de réception dans une boîte
métallique.

De plus, pour passer de la transmission à la réception
ou inversement, il est nécessaire de connecter l'antenne,
tantôt aux appareils récepteurs, tantôt aux appareils
transmetteurs. Mais comme l'antenne, pendant la transmission, est portée à des potentiels très élevés, on ne
peut songer à employer un commutateur ordinaire, car
des étincelles jailliraient entre les plots. M. Marconi,
avec le dispositif à étincelle directe, se servait du commutateur ci-après.

Le levier L de la clef Morse (fig. 77 et 78) est prolongé

par une tige coudée, en ébonite, T, dont l'extrémité postérieure est traversée par une tige métallique M, munie
d'une vis de serrage et d'un marteau. Au repos, celui-ci
prend appui sur une enclume reliée à la borne-ligne du
récepteur. La vis de serrage est en communication avec
l'antenne.

Pour éviter que des étincelles ne puissent jaillir accidentellement, pendant la transmission, entre le marteau
et l'enclume dont il est question ci-dessus et, par suite,
mettre le récepteur hors de service, cette enclume est
entourée d'une gaine métallique plus élevée qu'elle et
reliée à la terre. De plus, pour empêcher des oscillations

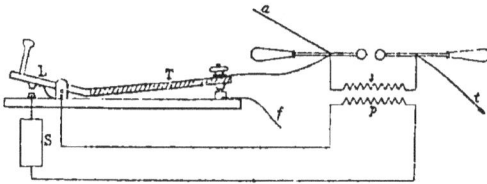
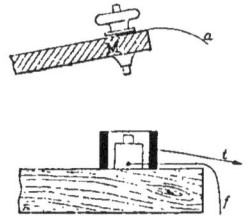

Fig. 77.   Fig. 78.

de s'établir, pendant la transmission, dans le fil de connexion *f* de l'enclume au récepteur, ce fil est anti-inducté,
c'est-à-dire recouvert, par-dessus la couche de gutta,
d'une couche d'étain reliée à la terre.

Pendant la manipulation, la partie postérieure du levier
est maintenue relevée, de manière qu'il y ait toujours un
intervalle de 6 à 8 cm entre cette extrémité et l'enclume
reliée au récepteur.

L'emploi de ce dispositif est peu commode. M. Marconi
a dû d'ailleurs renoncer à l'employer avec ses nouveaux
montages.

La plupart des expérimentateurs se contentent de
munir l'extrémité de l'antenne d'une fiche que l'on enfonce dans des douilles préparées sur le récepteur et sur

le transmetteur. Le groupement des organes de transmission et celui des organes de réception sont donc indépendants.

Nous décrirons ci-après un certain nombre d'exemples de groupements d'appareils, en donnant en même temps la valeur des résistances des différents appareils, shunts, etc., employés dans chacun d'eux.

Pour faciliter le langage, l'ensemble des organes de réception sera désigné sous le nom de *poste récepteur* et l'ensemble des appareils de transmission sous le nom de *poste transmetteur*.

Premier dispositif Marconi.

Dans ce dispositif, les appareils nécessaires à la transmission comprenaient : la bobine, sur laquelle était l'oscillateur, le manipulateur et les piles et accumulateurs. Leur groupement ne présente donc aucune difficulté.

Tous les appareils composant le poste récepteur, à l'exception du morse, sont réunis sur une même planchette (fig. 79) et placés dans une boîte en fer reliée à la terre. Cette disposition a pour but d'empêcher les oscillations, produites pendant la transmission opérée par la station elle-même, d'agir sur le poste récepteur.

Une paroi de la boîte en fer est mobile et permet, le cas échéant, de retirer la planchette pour régler les appareils.

L'un des fils de connexion du morse avec le circuit du contact du relais est relié à la terre par l'intermédiaire de la boîte en fer. Dans l'autre fil de connexion du morse, est intercalée une bobine de self, placée dans une petite boîte en fer pleine de feuilles d'étain froissées, et fixée contre la grande boîte.

Dans le cas où l'on emploie la clef-commutateur, le fil de connexion de l'enclume au récepteur est anti-inducté, comme on l'a vu plus haut.

Il ne peut donc s'établir, dans ces différents fils de

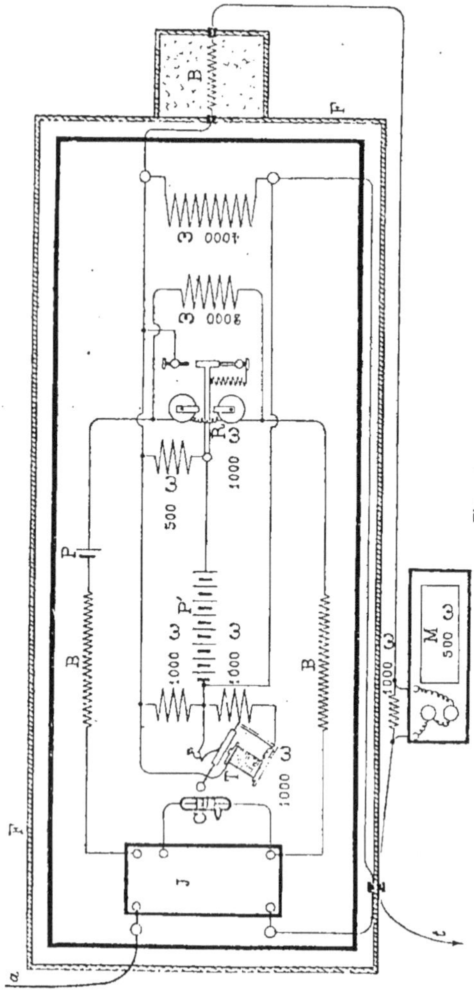

Fig. 72.

connexion, des oscillations pouvant agir sur le cohéreur, pendant la transmission.

La boîte en fer, qui contient le poste récepteur, est

portée par un socle en bois, muni de vis calantes, qui permettent de placer la palette du relais dans la meilleure position de sensibilité.

Deuxième dispositif Marconi.

L'exemple de groupement des appareils avec le deuxième dispositif Marconi (page 95), qui est donné ciaprès, est celui employé au poste de Biot pendant les expériences entre la France et la Corse, qui sont décrites en détail page 212 et suivantes.

Pour passer de la transmission à la réception ou inversement, l'extrémité de l'antenne est successivement reliée soit au poste transmetteur, soit au poste récepteur.

Poste transmetteur. — Les appareils nécessaires à la transmission sont (fig. 80):

La ou les bobines d'induction, si le débit d'une seule n'est pas suffisant, le manipulateur, les accumulateurs, l'oscillateur, le condensateur C, et le transformateur d'Arsonval S.

Le circuit dans lequel prennent naissance les oscillations, c'est-à-dire le circuit oscillateur, condensateur C_1, primaire du transformateur, doit présenter une self-induction minimum afin que les oscillations puissent prendre un maximum d'intensité. On sait, en effet, que la réactance augmente très rapidement avec la self, étant donnée la fréquence, et que l'induction dans le secondaire sera d'autant plus forte que l'intensité sera plus grande dans le primaire. Il y a donc avantage à opérer le réglage de la période en agissant sur la capacité seule. Tous les fils de circuit, y compris le primaire du transformateur d'Arsonval, devront donc être d'aussi forte surface que possible, et les connexions réduites à la longueur minimum. On est donc conduit à rapprocher tous les appareils de ce circuit.

Pour obtenir un bon isolement des spires du transformateur, il est bon de les plonger dans une cuve pleine de
pétrole ou d'huile de lin. On peut cependant se contenter
de les entourer d'une bonne couche de paraffine et de
suspendre le transformateur au-dessus du condensateur,

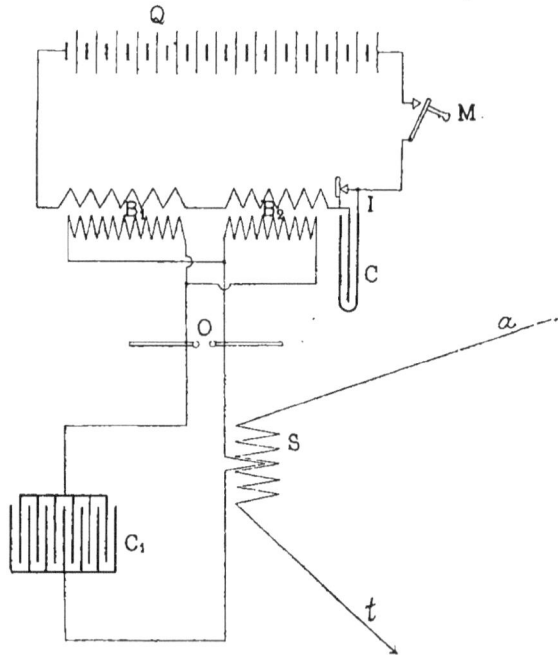

Fig. 80.

ou encore, de placer le condensateur au centre du cadre
du transformateur, si les dimensions le permettent.

L'oscillateur est généralement placé sur la bobine.

Poste récepteur. — Comme dans le dispositif précédent,
tous les appareils de réception, à l'exception du morse et
de la sonnerie, sont placés à l'intérieur d'une boîte métallique agencée de la même manière (fig. 81).

Les shunts sont quelque peu modifiés : en particulier, pour éviter l'usure de la pile du morse et du tapeur par le shunt placé sur le contact du relais, ce shunt a été

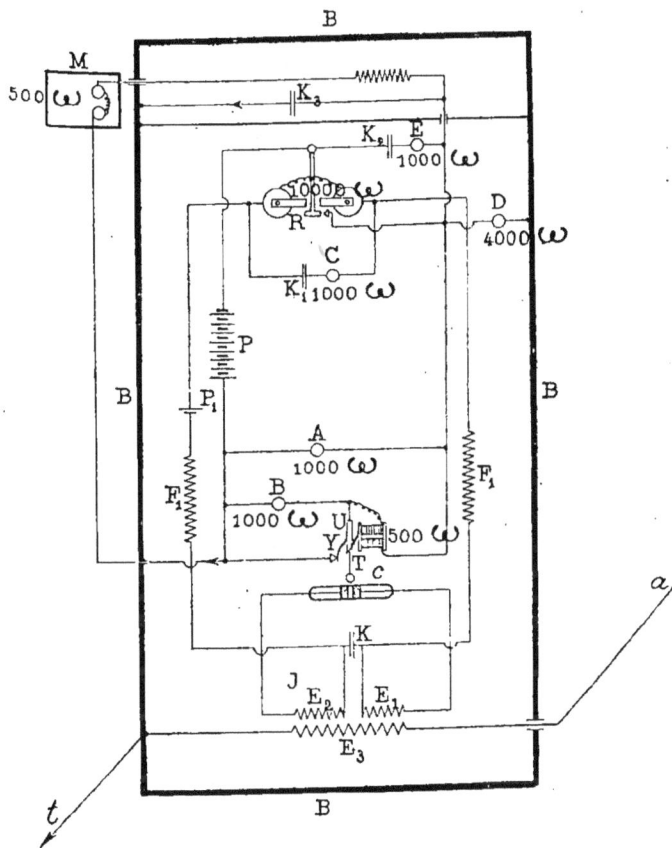

Fig. 81.

constitué par une bobine sans self de 1 000 ω E, en série avec un petit condensateur K_2. De même pour que tout le courant, auquel livre passage la conductibilité du cohéreur, passe dans les bobines du relais, qui ont 10 000 ω

de résistance, le shunt placé sur ces bobines se compose encore d'une bobine sans self C en série avec un petit condensateur K_1. Ces dispositions ne conviennent que lorsqu'on emploie des cohéreurs de sensibilité assez faible ; il est nécessaire de supprimer les condensateurs lorsqu'on emploie des tubes de grande sensibilité.

D'autre part, un condensateur K_3 a été ajouté en shunt sur la self servant à arrêter les oscillations venant du morse, afin de dériver sur la terre les oscillations qui auraient pu franchir cette self.

Dispositif Slaby.

Poste transmetteur. — Les appareils nécessaires au montage du poste transmetteur suivant le dispositif

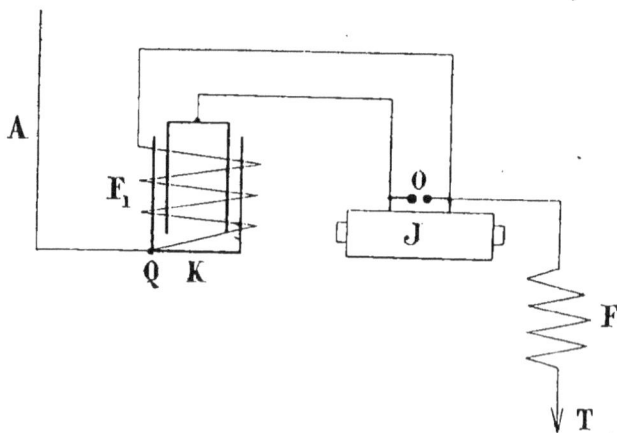

Fig. 82.

Slaby, décrit page 101, sont : la bobine, le manipulateur, les accumulateurs, l'oscillateur, le condensateur et les selfs de réglage.

Ces appareils sont disposés de la manière suivante (fig. 82 et 83), en faisant abstraction du manipulateur, de l'interrupteur-turbine et des accumulateurs dont l'emplacement ne présente que peu d'intérêt.

Le secondaire de la bobine J est relié aux deux pôles de l'oscillateur O, placé dans une gaine de cristal située sur la bobine elle-même.

Le circuit dans lequel prennent naissance les oscillations et qui leur donne leur période, se compose de

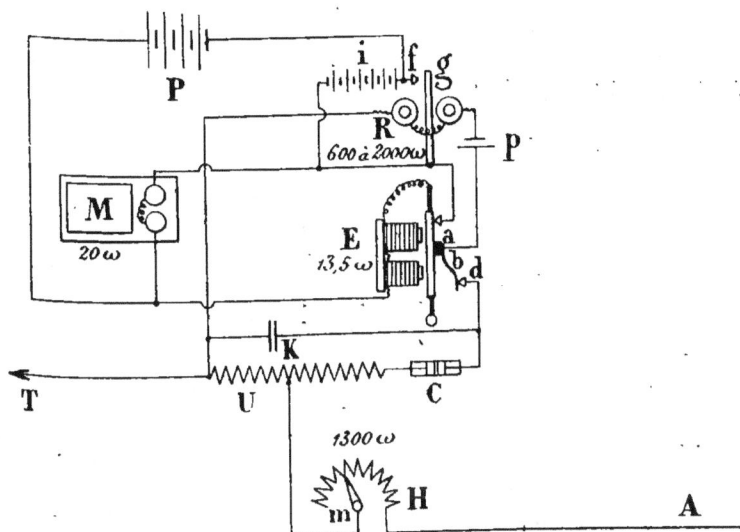

Fig. 83.

l'oscillateur O, du condensateur K (bouteilles de Leyde) et de la self de réglage F_1 (qui joue en réalité, associée à F dont elle n'est que la continuation, le rôle ordinaire d'un résonateur Oudin, comme on l'a déjà vu page 105). Cette bobine F_1, qui consiste en 4 à 12 tours de fil isolé au caoutchouc, est enroulée autour des bouteilles de Leyde (fig. 82).

L'antenne A est reliée au circuit en Q, quand on veut transmettre.

Comme il n'y a pas, dans ce montage, d'effet d'induction proprement dit et que l'antenne prend seulement la période du circuit auquel elle est reliée, avec effet maximum quand il y a accord, la longueur et le diamètre des fils entrent en ligne de compte, non seulement parce que la self-induction qu'ils donnent aux fils agit sur la période, mais encore parce que, par un effet de self-induction et de capacité réparties, ils contribuent à obtenir l'effet Oudin de renforcement de tension. Ce n'est vraisemblablement que par tâtonnements que l'on arrive à les choisir convenablement.

Poste récepteur. — Tous les appareils composant le poste récepteur, à l'exception de la pile du morse, sont groupés sur un même socle, et disposés comme il est indiqué par la figure 83, d'après le schéma théorique indiqué page 104.

Ce montage présente les dispositions particulières ci-après.

Comme on l'a vu, le circuit du cohéreur est coupé par le mouvement du tapeur, avant qu'il y ait choc sur le tube. Un condensateur K ferme le circuit de résonance en évitant le relais.

Il n'existe qu'un pare-étincelle, la petite pile de polarisation *i* (page 185). Un rhéostat H permet d'affaiblir l'action des oscillations, quand la transmission est faite à petite distance.

Pendant la transmission par la station elle-même, le tube n'est pas retiré de son support, il est simplement isolé de son circuit.

Un commutateur triple permet d'ailleurs de couper tous les circuits pendant que l'on transmet; on ne l'a pas indiqué sur la figure pour ne pas compliquer le dessin.

Enfin, quand on passe de la transmission à la réception ou inversement, on détache simplement l'antenne d'un des postes pour la rattacher à l'autre.

Dispositif Guarini.

L'expérience a montré que, dans la plupart des cas, la vitesse de transmission, en télégraphie sans fil, diminue avec la distance franchie; cela tient à ce que les cohéreurs sont d'autant plus irréguliers et difficiles à ramener à leur résistance normale, que l'énergie qui leur parvient est plus faible et que l'on est par suite obligé de les rendre plus sensibles. Les signaux *traînent* et il devient nécessaire de les espacer davantage.

D'autre part, l'emploi de stations à très longue portée oblige à limiter beaucoup le nombre total des stations, pour empêcher qu'elles ne se gênent mutuellement.

M. Guarini, pour éviter ces inconvénients, a proposé de n'installer que des stations à faible portée et d'obtenir des communications à longue distance en établissant, entre les points à relier, un nombre suffisant des relais spéciaux qu'il nomme *répétiteurs*.

Cet instrument se compose, en principe, d'un récepteur agencé de telle sorte qu'il actionne un transmetteur à chacun des signaux qu'il reçoit, de manière à les répéter.

Pour réaliser un pareil dispositif, il est évidemment nécessaire que cette transmission n'agisse pas sur le récepteur qui la produit. Pour cela, il faut automatiquement détacher l'antenne du récepteur après l'enregistrement de chaque signal et enfermer le cohéreur dans une enceinte métallique, puis rétablir les communications du récepteur aussitôt après la retransmission du signal.

Ce résultat est obtenu par M. Guarini de la manière suivante.

Dans une boîte métallique E (fig. 84), mise à la terre, sont enfermés tous les organes constituant un poste récepteur, genre Marconi. Un relais R, pour forts courants, remplace le morse employé dans les récepteurs ordinaires.

La palette mobile *l* de ce relais peut occuper deux positions : contact avec *a* ou contact avec *b*.

Une bobine d'induction B est équipée comme pour une transmission normale ; toutefois, la clef Morse, ordi-

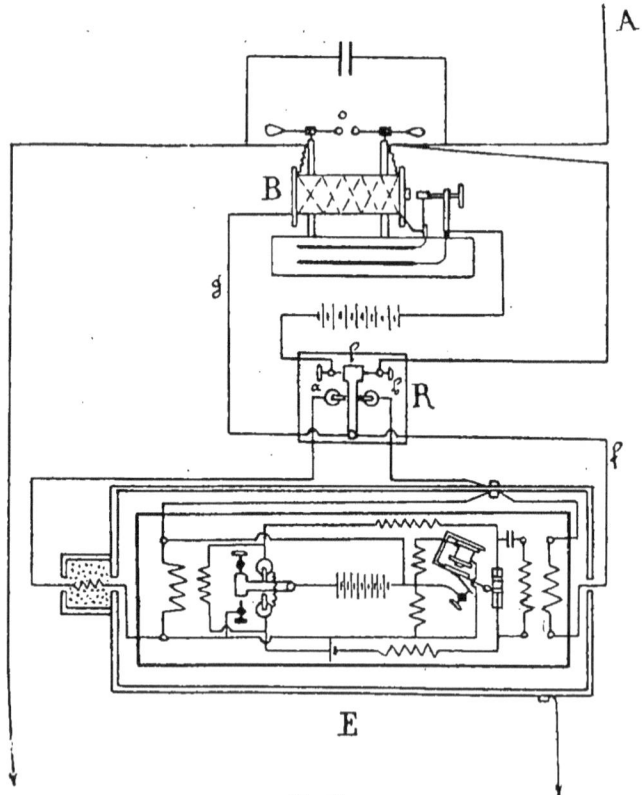

Fig. 84.

nairement intercalée dans le primaire, est remplacée par le contact *a* et la palette *l* du relais R, de plus l'antenne est aussi reliée au contact *b*.

Au repos, la palette *l* appuie sur le contact *b* et l'antenne est ainsi mise en relation par l'intermédiaire du fil *f*.

Supposons que la station correspondante envoie un point; celui-ci est reproduit par le relais R comme il le serait dans un morse : la palette *l* vient au contact de *a*, en abandonnant *b*. Le circuit primaire de la bobine est fermé et une étincelle jaillit à l'oscillateur. Il en jaillit une seule, car le tapeur ramène le cohéreur à l'état normal, et le relais R, n'étant plus actionné, ramène *l* au contact de *b*.

Si au contraire il s'agit d'un trait, celui-ci est reproduit par une série de courtes étincelles rapprochées.

Un certain nombre de dispositions spéciales complètent le montage pour éviter toute action de la retransmission sur le récepteur.

Dispositif proposé.

Tous ces montages présentent un grand nombre de points communs et ne diffèrent en réalité que par le mode de syntonisation et quelques détails sans importance.

Ils présentent tous un certain nombre d'inconvénients :

1º Il n'est pas possible de faire varier le voltage mis normalement aux bornes du cohéreur ; l'étude de cet instrument nous a cependant montré que l'on disposait ainsi d'un excellent moyen de réglage de la sensibilité et d'un mode de mesure approximative de l'intensité des oscillations reçues et, dans certains cas, de la distance de la transmission ;

2º Lorsque le récepteur ne fonctionne pas, on ne peut pas savoir si le fait est dû à un mauvais réglage du relais ou à un défaut de sensibilité du cohéreur ; il est donc utile de mettre en circuit un instrument de mesure dans le circuit du relais ;

3º Il est également utile de pouvoir mesurer le débit du primaire de la bobine et le voltage des accumulateurs et des piles ;

4º Enfin, il est commode de pouvoir actionner tous les

appareils : bobine d'induction, cohéreur, morse, etc.,
avec la même batterie d'accumulateurs.

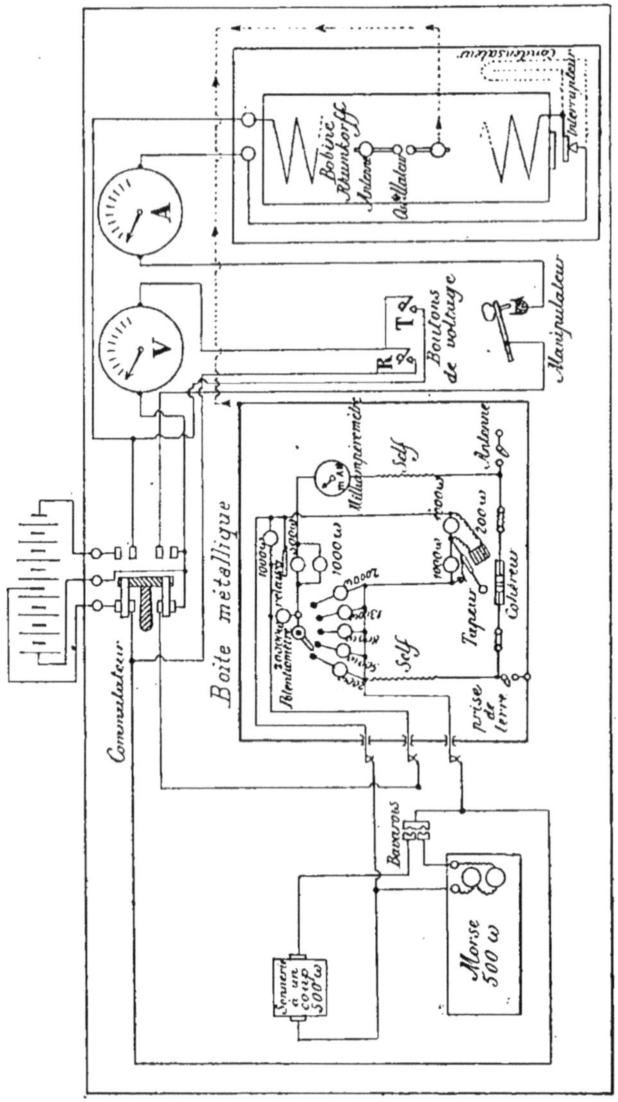

Fig. 85.

Le montage ci-après permet de satisfaire à ces desiderata. Il ne comprend pas les organes qui peuvent être ajoutés, sans difficulté, au transmetteur comme au récepteur (fig. 85).

Tous les appareils sont montés sur une même table, d'un côté le poste transmetteur, de l'autre le poste récepteur.

Les appareils de réception sont enfermés dans une boîte métallique reliée à la terre, à l'exception du morse et de la sonnerie. Le couvercle de cette boîte, en forme de pupitre, coupe automatiquement, quand on le ferme, tous les fils de connexion sortant de la boîte et les met à la terre. L'ouverture du couvercle rétablit automatiquement les communications. De plus, il n'est pas possible, après l'ouverture, de reposer le couvercle en arrière, si le commutateur, qui sert à mettre les accumulateurs sur réception ou sur transmission, n'est pas sur réception. On évite ainsi toute chance de détérioration du récepteur par un contact accidentel du manipulateur.

Le commutateur est placé contre une planche verticale, fixée sur l'extrémité postérieure de la table, et supposée rabattue dans le dessin.

Le potentiomètre permet de faire varier le voltage du cohéreur de 0,2 à 1 volt, lorsqu'on met 10 volts sur la réception.

Le milliampèremètre du circuit du cohéreur permet d'apprécier le demi-dixième de milliampère.

Le jigger ou amplificateur est du type décrit page 186.

CHAPITRE X

EXPÉRIENCES DE 1899 ENTRE LA FRANCE ET L'ANGLETERRE

La compagnie anglaise « Wireless Telegraph and Signal », propriétaire des brevets de M. Marconi dans tous les pays, sauf en Italie, obtint en février 1899 l'autorisation d'installer sur la côte française une station de télégraphie sans fil destinée à des essais de communication

Fig. 86.

avec une station de la côte anglaise, sous la direction de M. Marconi. Les conditions imposées étaient qu'une commission française suivrait toutes les expériences faites, et que la station française serait démolie à leur issue.

Cette station (fig. 86) fut installée à Wimereux (5 km au nord de Boulogne) dans le chalet « l'Artois », au bord de la mer, et le premier télégramme fut expédié le 28 mars.

La station correspondante (fig. 87) était placée dans le bâtiment de l'usine électrique des phares de South-Foreland, près Saint-Margaret (6 km au nord de Douvres). Ce bâtiment est situé sur une falaise élevée d'environ 80 m au-dessus du niveau de la mer. Les deux mâts étaient donc entièrement « visibles » l'un pour l'autre.

Fig. 87.

La distance de Wimereux à South-Foreland (fig. 88) est d'environ 46 km.

Une troisième station était disposée, depuis quelques mois déjà, à bord du bateau-feu le *E. S. Goodwin,* et servait à la communication régulière de ce navire avec la côte par la station de South-Foreland, à une distance de 19 km.

Les deux stations de Wimereux et de South-Foreland étaient munies, au début des expériences, d'antennes de 45 m. Cette hauteur fut ensuite réduite à 37 m, mais elle paraissait être à la limite inférieure pour un bon fonctionnement. L'antenne avait d'ailleurs été doublée par un deuxième conducteur assemblé au premier en quantité.

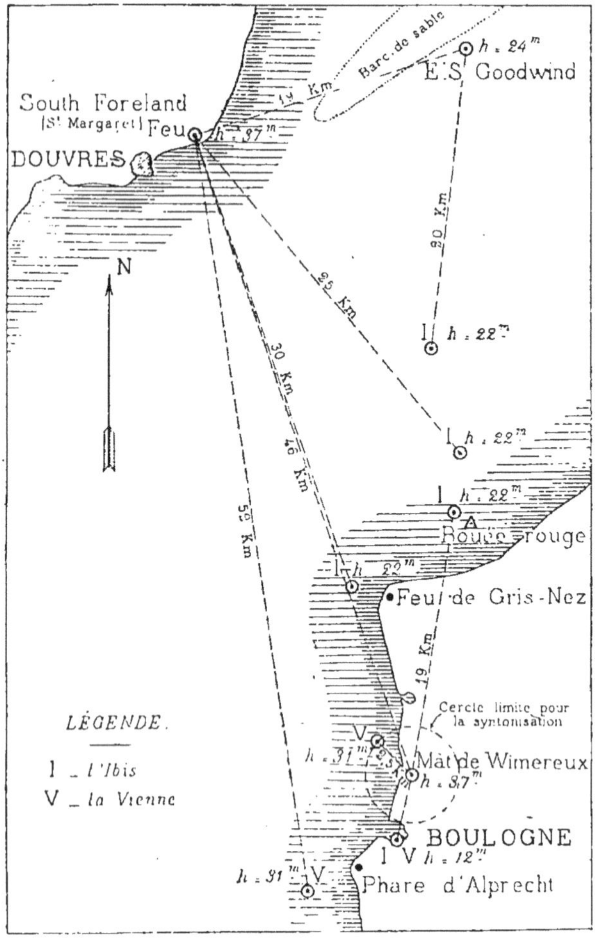

Fig. 88.

La hauteur d'antenne du *Goodwin* était d'environ 24 m ; le navire, les mâts et les haubans étaient entièrement en fer.

Ces trois stations étaient normalement réglées dans le même ton, de manière à pouvoir toujours assurer la communication du *Goodwin* avec la côte[1]. Cette dernière station ne pouvait communiquer avec Wimereux, étant données la distance (49 km), l'interposition du cap Griz-Nez et la faible hauteur de l'antenne du *Goodwin* (24 m).

Des installations provisoires furent faites, en outre, à bord de l'aviso l'*Ibis* (fig. 89)[2] et du transport la *Vienne*.

Fig. 89.

Ces deux bâtiments étaient munis d'antennes ayant respectivement 22 m et 31 m.

Les expériences faites peuvent se diviser en trois catégories :

Expériences de communication simple en espace découvert ;

Expériences de communication simple avec interposition d'obstacles ;

Expériences de syntonisation.

---

1. Les appareils et le montage employés étaient ceux décrits pages 90 et 193.

2. Le personnage représenté à droite est M. Marconi.

Pendant toutes ces expériences, la vitesse de transmission était d'environ 40 lettres à la minute.

Expériences de communication simple en espace découvert. — Les communications de South-Foreland avec Wimereux et le *Goodwin,* et inversement, ont toujours été très satisfaisantes par tous les temps (brouillard, vent, pluie, tempête).

Les communications entre les stations mobiles (l'*Ibis* et la *Vienne*) et les trois stations indiquées ci-dessus ont été également très bonnes, les navires étant en marche ou au repos. Les distances maximums atteintes ont été les suivantes :

L'*Ibis* (22 m), *Goodwin* (24 m), à 20 km ;
L'*Ibis* (32 m), South-Foreland (45 m), à 25 et 30 km ;
La *Vienne* (31 m), South-Foreland (37 m), à 48 km.

Cette dernière communication a même pu être établie dans un sens (réception à bord de la *Vienne*) jusqu'à 52 km. La réception à South-Foreland avait cessé à partir de 48 km. M. Marconi donnait de ce fait l'explication suivante : la sensibilité mécanique du récepteur de South-Foreland avait été réglée par lui pour la communication avec Wimereux à 46 km, mais elle était insuffisante pour une distance notablement supérieure, tandis qu'à bord de la *Vienne,* il avait réglé cette sensibilité à son maximum.

Expériences de communication simple avec interposition d'obstacles. — L'*Ibis* (22 m) étant placé près de la bouée rouge n° 2 à l'est du cap Griz-Nez, à 19 km de Wimereux (45 m), il fut possible d'échanger des télégrammes entre les deux stations, malgré l'interposition du massif du cap Gris-Nez, d'une hauteur maximum de 100 m environ.

La *Vienne* étant à quai dans le port de Boulogne, on put établir une communication entre elle et Wimereux (5 km) avec une hauteur d'antenne de 12 m à bord de la *Vienne* et de 37 m à Wimereux, malgré l'interposition du massif de la Crèche, d'une hauteur de 75 m environ, et de toutes les canalisations électriques des quais de Boulogne.

Expériences de syntonisation. — Un programme complet d'expériences avait été préparé dans le but de vérifier les faits suivants :

1° Étant données trois stations, A, B, C, placées dans la zone d'action les unes des autres, A et B étant réglées dans le même ton et C dans un ton différent, C ne peut pas recevoir les télégrammes échangés entre A et B lorsqu'il est à une distance de A ou de B supérieure à une certaine limite à déterminer ; A et B ne peuvent non plus recevoir les télégrammes transmis par C, et la réception des télégrammes qu'ils échangent entre eux n'est pas troublée par la transmission de C ;

2° Les trois stations étant dans les tonalités définies ci-dessus, il est possible de modifier une des stations A ou B, A par exemple, de manière à la mettre dans le même ton que C sans toucher à B ni à C ; B jouissant vis-à-vis de A et de C des mêmes propriétés dont C jouissait précédemment vis-à-vis de A et B.

Une journée fut laissée à M. Marconi pour préparer ces expériences à bord de la *Vienne,* les journées suivantes devant être consacrées à leur exécution, avec contrôle dans les diverses stations : la *Vienne,* Wimereux, South-Foreland.

Malheureusement, le jeune inventeur fut victime d'un accident après la journée d'essais, et les expériences définitives ne purent être faites.

Toutefois, bien qu'il n'y eût pas de contrôle dans les stations de Wimereux et de South-Foreland, la commission a pu constater, pendant la journée d'essais, la probabilité des faits énoncés ci-dessus.

CHAPITRE XI

EXPÉRIENCES DE 1901 ENTRE LA FRANCE ET LA CORSE

Dans les premiers jours d'avril 1901, la compagnie internationale Marconi a installé, avec l'autorisation du Gouvernement français, une communication de télégraphie sans fil entre la France continentale et la Corse. Cette installation n'a été autorisée qu'à titre expérimental, et les expériences ont été faites sous le contrôle d'une commission officielle comprenant des délégués des ministères des Télégraphes, des Colonies, de la Guerre et de la Marine.

La distance entre les deux stations placées, l'une à Biot, près d'Antibes, sur la côte française, l'autre à Calvi, en Corse, était de 175 km.

Appareils.

Transmission. — Les appareils étaient montés suivant le deuxième dispositif Marconi décrit pages 95 et 195. Les bobines employées étaient du type de 0,25 d'étincelles, à interrupteur sec ; elles étaient actionnées par de petits accumulateurs portatifs chargés par une batterie de 100 éléments de pile sèche.

Plusieurs modèles de transformateurs ont été successivement mis en service à Biot et à Calvi, suivant le nombre de bouteilles intercalées dans le circuit primaire (c'est-à-dire suivant la longueur d'onde que l'on désirait obtenir). Ils étaient à peu près semblables à ceux décrits dans le brevet de M. Marconi[1].

---

1. Brevet n° 305 060 du 3 novembre 1900.

Tous étaient enroulés sur des cadres carrés en bois, de 30 cm environ de côté. Le primaire et le secondaire étaient tous deux formés d'un gros câble à 7 fils de 9/10, isolé par 2 ou 3 mm de caoutchouc et de rubans.

Le plus fréquemment employé (avec 13 bouteilles de Leyde) était constitué de la manière suivante : primaire, un seul tour ; secondaire, six tours, trois de chaque côté du primaire, à plat sur le cadre.

Antenne. — Dans le but d'obtenir une capacité plus grande qu'avec un conducteur unique, l'antenne était formée de quatre conducteurs isolés réunis en quantité à leurs parties supérieure et inférieure et maintenus à 1,5 m environ les uns des autres, suivant les arêtes d'un prisme à base carrée. Cet écartement était obtenu au moyen de deux croix de bois placées respectivement près de chacun des deux points de jonction des quatre conducteurs. Chacun de ceux-ci était fixé à l'une des extrémités de chacune des croix (fig. 92 et 93).

Ces quatre conducteurs étaient continués, après leur jonction inférieure, par un câble unique qui pénétrait dans la station en étant très soigneusement isolé, par des cylindres d'ébonite, de tous les corps conducteurs ou semi-conducteurs.

L'antenne de Biot avait 52 m et celle de Calvi 55 m de hauteur au-dessus des appareils; elles étaient inclinées à 3/1 environ.

Leur support était constitué par un mât analogue à un mât de navire en trois parties et haubanné à trois hauteurs différentes. Les haubans les plus bas étaient en câble d'acier, les autres en cordage.

Les haubans étaient orientés de telle sorte que l'antenne en fût aussi éloignée que possible.

Il paraît intéressant de calculer quelle était la position des antennes l'une par rapport à l'autre, en tenant compte de la courbure de la mer et de la réfraction.

Si l'on mène tangentiellement à la surface de la mer (fig. 90) une ligne AT représentant la trajectoire d'un rayon lumineux partant du sommet A d'une des antennes dans la direction de l'autre antenne, on constate, en appliquant la formule du général Percin[1], que cette ligne passe à $x = 1\,350$ m environ au-dessus du sommet de l'autre antenne A'.

De même, le calcul montre que la ligne joignant le point A au point A' (en suivant la trajectoire d'un rayon

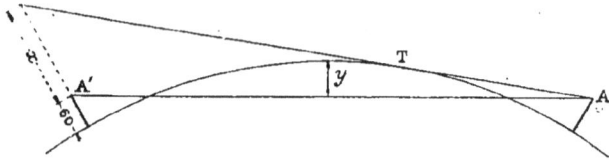

Fig. 90.

lumineux dans l'air) passerait à $y = 500$ m environ au-dessous du niveau de la mer.

Prises de terre. — Dans les deux stations, de grandes précautions étaient prises pour assurer une prise de terre à grande surface et réunie aux connexions par un fil aussi court que possible.

A Biot, il y avait quatre prises de terre : l'une à un ruisseau voisin ; deux autres constituées par une plaque de zinc de 1×2 m², enterrée horizontalement à une profondeur de 0,5 m environ ; une quatrième, faite de 5 ou 6 plaques de zinc enterrées horizontalement, à des profondeurs comprises entre 3 m et 0,50 m.

A Calvi, on avait installé tout d'abord une prise de terre formée de 20 m² de feuilles de zinc, enterrées horizontalement à 0,5 m de profondeur ; par la suite, la sur-

---

[1]. *Revue du génie*, 1892, t. VI, p. 484.

face a été portée à 30 m². Il convient de remarquer que la station de Calvi était placée sur un terrain rocheux, n'ayant que peu de fissures pour assurer la communication avec la mer.

On a pourtant préféré installer ainsi la prise de terre, au lieu d'aller l'effectuer au bord même de la mer, pour éviter une trop grande longueur du fil de terre. Un essai fait à Biot a montré que la réception était arrêtée lorsqu'on intercalait plus de 30 m de fil entre la prise de terre et le récepteur. Ce fait pouvait être prévu étant donné l'emploi d'un transformateur (*jigger*) embroché sur le système antenne-terre.

Réception. — Les appareils étaient exactement semblables à ceux décrits page 97.

Lorsque la transmission était faite par le transformateur décrit plus haut et 13 bouteilles de Leyde [longueur d'onde, 300 m (environ)], le jigger était constitué comme il suit : le secondaire était enroulé en une seule couche sur un noyau en bois de 46 mm de diamètre, chaque demi-secondaire avait une longueur de 36 m et était fait en fil de 12/100 de millimètre. Au-dessus des dernières spires intérieures de chaque demi-secondaire était placé un anneau en bois de 5 mm d'épaisseur, sur lequel étaient placés côte à côte 10 tours de fil de 60/100 ; les deux primaires ainsi constitués étaient réunis en quantité.

Installation des stations.

Station de Biot. — La station de Biot était installée hors du voisinage immédiat d'accidents de terrains notables, à 50 m environ au nord de la gare de Biot et à 200 m de la mer. Les appareils (fig. 91) étaient placés au rez-de-chaussée d'une maison isolée et le mât (fig. 92) dressé à 20 m environ de cette maison. Le remblai du

Fig. 16.

chemin de fer, d'une hauteur de 4 à 5 m, avec la multitude des fils télégraphiques qui suivent la voie, était interposé entre l'antenne et la mer. Le mât avait une hauteur de 55 m environ et la hauteur d'antenne au-dessus des appareils était de 52,5 m.

Fig. 92.

Station de Calvi (fig. 93). — La station de Calvi était installée hors de l'enceinte de la fortification, à 50 m environ de la mer et à 5 à 6 m environ au-dessus du niveau de la mer, sur un terrain en pente douce.

Un certain nombre de lignes télégraphiques étaient interposées entre l'antenne et la mer.

Les appareils étaient installés au premier étage d'une

218 LA TÉLÉGRAPHIE SANS FIL

maison et le mât était dressé à 30 m environ de distance ; sa hauteur était de 55 m environ et la hauteur d'antenne

Fig. 93.

au-dessus des appareils était également de 55 m, le pied du mât étant à peu près au niveau des appareils.

Les expériences réalisées par la compagnie Marconi entre Biot et Calvi ont été de deux sortes : 1° expériences de communication simple, avec changement de ton, essais de durée et de vitesse ; 2° essais de double communication.

De plus, un certain nombre d'expériences ont été faites à plusieurs reprises entre la station de Biot et le yacht *Princesse-Alice,* appartenant au prince de Monaco. Mais, dans ce cas, les appareils utilisés étaient semblables à ceux employés autrefois par M. Marconi dans les expériences de la Manche en 1899.

Expériences de communication simple.

La communication simple entre Biot et Calvi a été établie d'une manière très satisfaisante dans trois tons différents, en employant les appareils et les montages décrits plus haut.

Toutefois, les résultats les meilleurs ont été obtenus lorsque la transmission était faite avec le transformateur n° 1 et 13 bouteilles de Leyde, et la réception avec le premier jigger décrit plus haut, c'est-à-dire lorsque la communication était établie avec les ondes les plus longues. Ce fait peut être attribué en partie à ce que l'accord entre les deux circuits du poste transmetteur (circuit de l'oscillateur et circuit de l'antenne) était mieux réalisé avec la longueur d'onde produite dans ce cas, étant données la hauteur d'antenne et les conditions d'installation. Il est vraisemblable aussi de croire que la propagation des ondes longues se fait plus facilement par suite des phénomènes de diffraction, qui sont d'autant plus notables que la longueur d'onde est plus grande.

Il convient de noter également que, par tous les temps, à certaines heures de la journée, les récepteurs enregistraient des signaux parasites nombreux, d'origine atmosphérique et tellurique, qui obligeaient à ralentir la transmission. La communication a même été rendue impossible pendant plusieurs après-midi.

Ces perturbations commençaient généralement à se faire sentir à 11 heures du matin pour finir à 6 heures, avec maximum à 2 heures. Elles provenaient non seulement de coups de foudre plus ou moins lointains, mais aussi de l'électrisation de l'air, des nuages et du sol. Il semble que l'intensité de ces perturbations, dans la saison où ont eu lieu les expériences, suivait la marche ascendante de la température. Cette observation est d'ailleurs conforme aux théories récemment émises sur la cause de l'électrisation de l'air et du sol.

A ces perturbations atmosphériques s'ajoutaient parfois des signaux plus ou moins nets provenant de l'échange de télégrammes entre les navires de guerre de diverses nationalités passant dans le voisinage des côtes françaises.

L'enregistrement de tous ces signaux parasites se fait encore mieux, malheureusement, pendant que l'appareil inscrit un télégramme, par suite de la sursensibilisation du cohéreur qui suit l'enregistrement de chaque signal.

Essais de durée. — Dans le but de juger de la stabilité du réglage des divers appareils, des essais de transmission et de réception de longue durée ont été faits dans les deux stations. Ils ont donné des résultats satisfaisants. Il a été possible de communiquer pendant deux fois trois heures consécutives sans être obligé de faire des retouches trop fréquentes aux divers appareils. Cependant, il était nécessaire de régler de temps en temps l'interrupteur des bobines, le tapeur et le relais. Ces réglages nécessitent un personnel adroit et expérimenté.

Essais de vitesse. — Les essais de vitesse ont également donné de bons résultats. Il a été possible de recevoir 14 fois « Paris » dans une minute. Une dépêche de

46 mots a pu être reçue en 4 minutes 50 secondes et répétée dans le même temps.

Néanmoins, il ne faut compter que sur une vitesse pratique de 6 à 8 mots à la minute. Cette vitesse dépend surtout de la régularité du cohéreur employé et c'est là, vraisemblablement, une des raisons pour lesquelles M. Marconi n'emploie que des cohéreurs assez peu sensibles qui, comme on le sait, sont plus réguliers que les cohéreurs très sensibles.

Essais de double communication.

Bien que l'intention première des représentants de la compagnie Marconi n'ait pas été de réaliser entre la France et la Corse des essais de double communication, ceux-ci ont été néanmoins tentés dans le but de montrer l'effet sélectif des nouveaux récepteurs Marconi.

Il a été tout d'abord permis de constater que cet effet sélectif était réel, c'est-à-dire qu'il était possible d'accorder un récepteur de telle sorte qu'il ne fût pas impressionné par des ondes de longueurs très différentes de celles pour lesquelles l'accord était réalisé. Ainsi, la transmission étant faite dans le ton n° 1, le récepteur accordé sur ce ton recevait très bien, tandis que, si on le remplaçait par le récepteur accordé sur le ton n° 2, aucun signal n'était enregistré, et, inversement, la transmission étant faite dans le ton n° 2, c'est le deuxième récepteur qui était actionné, alors que le premier ne l'était pas.

Lorsque les deux récepteurs étaient reliés simultanément à l'antenne, cet effet était déjà plus difficile à obtenir pour une transmission unique. Il était nécessaire d'intercaler des selfs et des condensateurs dont il a été parlé plus haut, pour qu'un des deux récepteurs ne fût pas actionné.

Enfin, il n'a pas été possible de réaliser la double communication simultanée dans les conditions de montage

222 LA TÉLÉGRAPHIE SANS FIL ET LES ONDES ÉLECTRIQUES.

indiquées plus haut; l'un des deux récepteurs enregistrait bien un seul des deux télégrammes, mais l'autre les enregistrait tous deux ou n'en enregistrait aucun.

Pour différencier davantage les ondes transmises et rendre plus facile la sélection dans chacun des récepteurs, on a tenté d'employer le ton n° 3 (ondes de 70 m) avec le ton n° 1 (ondes de 300 m), mais les résultats n'ont pas été meilleurs. Le récepteur qui devait enregistrer les ondes courtes n'était pas actionné.

Il convient de reconnaître que ces expériences avaient un intérêt plutôt théorique que pratique. Il sera, en effet, toujours préférable d'installer deux antennes distinctes lorsqu'on voudra une double communication, si celle-ci est jugée nécessaire, soit pour doubler le rendement d'une ligne, soit pour permettre à une même station de recevoir ou transmettre simultanément des télégrammes différents correspondant à deux stations différentes.

L'intérêt principal était de juger si l'effet sélectif était réel. Ces essais n'avaient d'ailleurs jamais été tentés avec succès à des distances supérieures à 50 km.

Il est également nécessaire que les deux stations ne soient pas trop rapprochées, pour que la sélection soit opérée. Les récepteurs de Biot et Calvi ont, en effet, enregistré des télégrammes transmis par les navires de guerre de diverses nationalités munis de transmetteurs à étincelle directe sur l'antenne et passant à des distances inconnues, mais souvent supérieures à 30 km.

Inversement, des récepteurs non syntonisés, c'est-à-dire à cohéreur placé directement sur l'antenne et situés dans des conditions analogues, ont pu enregistrer les télégrammes émis par les nouveaux appareils Marconi.

CHAPITRE XII

EXPÉRIENCES DIVERSES FAITES EN FRANCE

I. — Expériences de l'Établissement central du matériel de la télégraphie militaire.

Afin de pouvoir vérifier les résultats des études faites en son laboratoire depuis 1898 et dresser du personnel, l'Établissement central du matériel de la télégraphie militaire dispose de deux stations d'expériences dans les environs de Paris, aux forts de Villeneuve-Saint-Georges et de Palaiseau (fig. 94 et 95). Les recherches théoriques et pratiques que l'on a pu ainsi réaliser ont permis de créer des modèles spéciaux d'appareils, et en particulier de récepteurs, au moyen desquels on a pu réaliser toutes les communications qui ont été tentées jusqu'à ce jour. Nous citerons seulement quelques-unes de ces dernières, faites avec la collaboration du capitaine Becq.

Expériences de Lorient. — Au cours des recherches nécessaires pour étudier d'une manière complète l'utilisation de la télégraphie sans fil, il était intéressant de comparer les hauteurs d'antennes nécessaires pour établir, avec une énergie constante (200 watts) à la transmission, des communications entre deux points séparés par la mer, avec les hauteurs d'antennes nécessaires pour deux stations situées à l'intérieur des terres.

On transporta dans ce but à Lorient et à Belle-Ile, en novembre 1901, de petits ballonnets de 60 m³, que l'on gonfla au gaz d'éclairage, et des voitures-postes convenablement aménagées, renfermant les appareils transmetteurs et récepteurs (fig. 96).

Pour la mise en station, le ballonnet était fixé à un cor-

Fig. 94.

dage le long duquel courait un câble télégraphique servant d'antenne. Le cordage était solidement fixé au sol et à la voiture, et très soigneusement isolé. Il était donc facile de faire varier à volonté la hauteur d'antenne.

On reconnut ainsi qu'une hauteur d'antenne filiforme de 30 m était suffisante pour établir de bonnes communications à 50 km, les deux stations étant séparées par la mer. Cette hauteur put même être notablement réduite en employant des antennes multiples accrochées d'une part au grand phare de Belle-Ile et d'autre part à la tour du port de Lorient (fig. 97). Des expériences faites ultérieurement aux environs de Paris montrèrent qu'il fallait

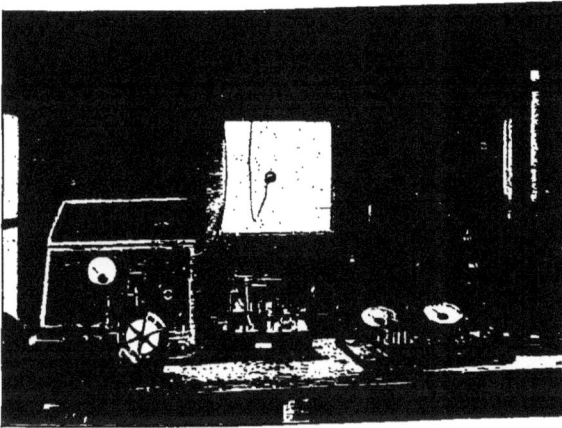

Fig. 95.

à peu près doubler cette hauteur de 30 m lorsque les stations sont placées à 50 km, à l'intérieur des terres.

Expériences de la côte ouest. — Au commencement de 1902, de nouvelles modifications ayant été apportées aux appareils de l'Établissement central du matériel de la télégraphie militaire, des expériences furent entreprises pour juger de l'efficacité de ces modifications. On résolut notamment de rechercher la distance-limite à laquelle on pourrait communiquer entre stations séparées par la mer, en employant une énergie de 150 à 200 watts à la transmission, et des hauteurs d'antenne de 50 m.

On installa dans ce but une station provisoire au grand phare de Belle-Ile (fig. 98), en utilisant le phare comme support d'antenne. Ce dernier est établi sur un plateau

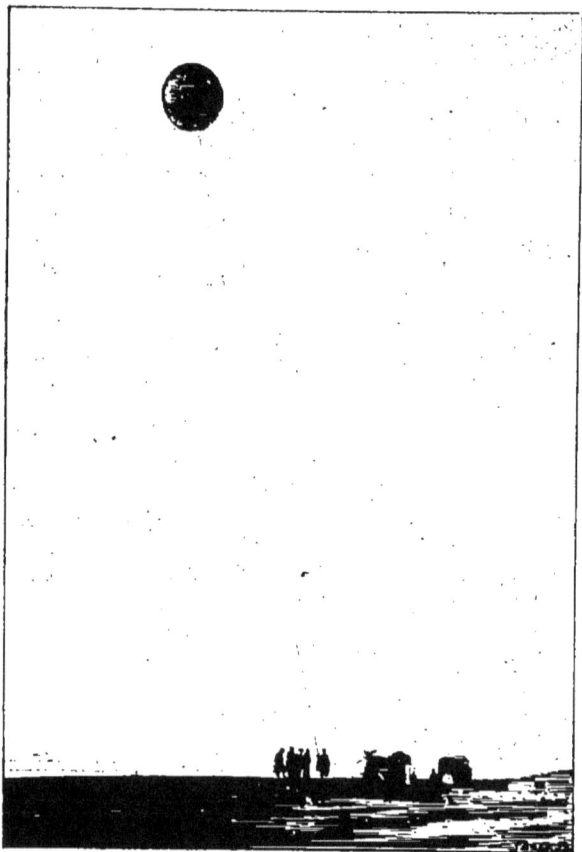

Fig. 96.

rocheux de 50 m environ au-dessus du niveau de la mer, et placé à une distance de 2 km du bord des falaises.

On transporta ensuite un poste récepteur successivement dans les phares d'Eckmühl (Finistère), des Baleines (île de Ré) et de la Coubre (Gironde) [fig. 99]. Ces phares ont une hauteur d'environ 50 m et sont situés respectivement à 100, 175 et 240 km de Belle-Ile.

Fig. 97.

En tous ces points, la communication put être établie sans aucune difficulté. Bien que la limite ne fût pas atteinte, on ne poursuivit pas plus loin les expériences.

En 1903, les expériences furent reprises en installant

un poste transmetteur au phare d'Eckmühl et en trans-

Fig. 98.

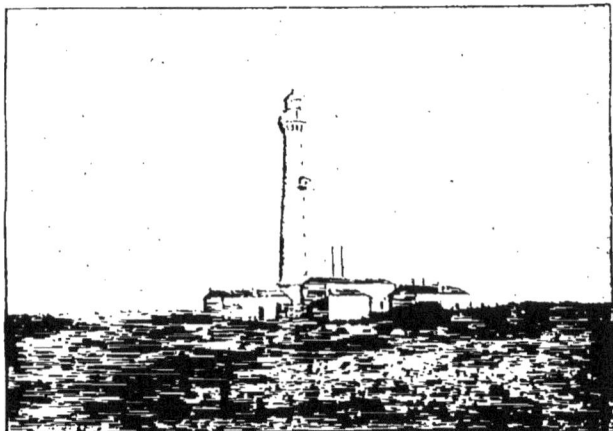

Fig. 99.

portant successivement un poste récepteur dans les divers grands phares de la côte ouest.

On reconnut qu'avec des hauteurs d'antenne de 5o m et une transmission utilisant du courant continu dans

Fig. 100.

deux bobines d'induction montées en parallèle, la com-

Fig. 101.

munication était aisée jusqu'à 400 km. Mais en employant du courant alternatif et des transformateurs industriels, les distances sont réduites de un tiers environ pour une même consommation d'énergie, la réception étant faite au cohéreur. On a vu plus haut (page 134) les causes auxquelles on doit attribuer cette infériorité.

Expériences avec stations mobiles — D'autres séries d'expériences furent entreprises à l'intérieur des terres,

Fig. 102.

pour juger des conditions d'emploi de stations mobiles de télégraphie sans fil, utilisant des ballonnets comme supports d'antennes. On reconnut, en particulier, qu'en terrain moyennement accidenté, les communications pouvaient tout aussi bien être établies en installant les stations dans des fonds de la vallée à pentes douces qu'en les plaçant sur les croupes du terrain, la qualité des prises de terre dans les fonds de vallée compensant l'augmentation de hauteur de l'obstacle interposé.

Au cours d'expériences faites en juillet 1902, il fut possible de communiquer sans difficulté entre Paris et Chablis (150 km), en employant une énergie de 150 watts.

Les stations mobiles (fig. 100 et 101) étaient analogues à celles que l'on avait employées à Lorient et à Belle-Ile l'année précédente.

Enfin, en 1903, la communication a été établie entre

Fig. 103.

Paris (Meudon) [fig. 102] et Belfort (fig. 103) [375 km], avec des antennes très élevées, supportées par des ballons captifs ordinaires. La ligne joignant le sommet des antennes passait à 1 000 m environ au-dessous de la surface du sol; par suite de certaines nécessités matérielles, les stations étaient installées dans des fonds de mouvements de terrains. L'emploi d'antennes très élevées augmente un peu l'intensité des signaux parasites; néanmoins, l'échange des télégrammes put avoir lieu pendant plus de la moitié du temps consacré aux expériences.

II. — Expériences de la Commission centrale de la télégraphie sans fil de la marine.

La télégraphie sans fil constituant l'unique moyen de communication possible pour les navires, lorsqu'ils sont hors de vue, la marine de guerre française s'est occupée, dès la première heure, de tirer parti du nouveau moyen de communication. En dehors des travaux théoriques très appréciés de M. le lieutenant de vaisseau Tissot, de nombreuses expériences et applications heureuses ont été réalisées de tous côtés.

Il convient de citer en particulier les études et les expériences faites par la Commission centrale de télégraphie sans fil de la marine, dont l'un de nous fait partie; cette commission est présidée par le capitaine de vaisseau Arago. Les études ont permis de se rendre compte d'une manière précise de la meilleure utilisation possible de la télégraphie sans fil, dans les conditions d'installation et d'exécution du service présentées par les navires de guerre.

Cette commission dispose de trois stations à terre : Port-Vendres, Agde, Porquerolles, qui communiquent parfaitement entre elles. La station de Porquerolles peut même recevoir simultanément des dépêches de Port-Vendres et d'Agde.

Au cours des expériences, des télégrammes ont pu être échangés entre ces stations et les navires de guerre, à des distances supérieures à 300 km.

Quant aux navires de guerre, ils communiquent couramment entre eux à des distances de 150 km en moyenne.

III. — Communication Martinique-Guadeloupe.

A la suite des violentes éruptions du Mont-Pelé, les câbles reliant la Martinique au réseau général sous-marin

furent rompus et la colonie se trouva privée de tout moyen
de communication rapide avec la métropole et les colonies voisines. Dans la crainte de nouveaux désastres et
afin de pouvoir, le cas échéant, demander rapidement
des secours, on décida de relier la Martinique à la Guadeloupe par la télégraphie sans fil.

Le département des Colonies adressa pour cela au département de la Guerre une demande de personnel et
de matériel le 12 septembre 1902. Matériel et personnel

Fig. 104.

devaient être embarqués à Bordeaux le 26 septembre.
L'Établissement central du matériel de la télégraphie
militaire eut beaucoup de peine à réunir le matériel nécessaire dans les délais voulus; les appareils d'un usage
courant (groupe électrogène, accumulateurs, etc.) furent
achetés dans l'industrie, chez les fournisseurs qui en
possédaient en magasin, et les appareils spéciaux, tels
que les récepteurs, furent fabriqués dans les ateliers de
l'Établissement. Les mâts, commandés au département
de la Marine, ne purent être embarqués à la date fixée;
un seul fut expédié à la Martinique le 9 octobre, celui de

la Guadeloupe dut être fabriqué sur place avec les ressources locales.

Le personnel désigné pour procéder aux installations comprenait : le capitaine Ferrié et quatre caporaux ou sapeurs ayant reçu une instruction spéciale, deux pour chaque station. Afin de pouvoir réaliser l'installation projetée dans le temps le plus court possible, M. Magne, inspecteur des télégraphes, fut chargé de l'établissement de la station de la Guadeloupe.

Fig. 105.

Les emplacements choisis furent, d'une part, l'habitation Beauséjour à la Martinique (fig. 104) et, d'autre part, l'habitation de Verdure à la Guadeloupe (fig. 105).

L'habitation Beauséjour est située sur la côte est de l'île, à la base de la presqu'île de la Caravelle, à 3 km environ de la petite ville de la Trinité.

L'habitation de Verdure est à 200 m du village du Gosier et à 6 km environ au sud-est de la ville de Pointe-à-Pitre.

Le choix de ces points était indiqué par la nécessité de n'interposer aucune partie montagneuse entre les deux stations, afin de ne pas augmenter les difficultés que l'on prévoyait, par suite de la situation climatérique troublée

Fig. 106.

et du voisinage d'un volcan en éruption. La distance est de 180 km environ.

L'habitation Beauséjour étant trop exiguë pour y loger le personnel et le matériel, on dut aménager une case en planches pour y installer le poste proprement dit et les hommes, et construire une deuxième case pour y placer le groupe électrogène.

Cette construction fut très longue à terminer, elle ne fut entièrement prête que le 15 novembre. Le transport du mât, arrivé le 22 octobre à Fort-de-France, présenta certaines difficultés ; il ne fut rendu à pied d'œuvre que le 8 novembre. Ce mât, en bois, d'une longueur de 53 m (fig. 106), était en quatre parties dont l'une, le bas-mât, avait 24 m de longueur, 0,65 m de diamètre, et pesait 6,5 tonnes. Sa mise en place fut exécutée par le personnel du croiseur *d'Estrées,* que l'amiral commandant la division légère de l'Atlantique avait bien voulu charger de ce travail. Le mâtage dura environ huit jours ; l'antenne fut hissée et le poste prêt à fonctionner le 20 novembre, soit soixante et onze jours après la demande du département des Colonies à la Guerre.

L'habitation de Verdure était tout au contraire parfaitement aménagée pour loger le personnel et le matériel. L'installation des appareils ne demanda pas une semaine. Mais, en revanche, la confection et la mise en place du mât présentèrent des difficultés considérables. On utilisa, pour constituer une partie du mât, les épaves d'une goélette italienne échouée à proximité ; les autres parties furent faites de madriers jumelés ; la longueur totale était de 50 m. La mise en place fut également exécutée avec les ressources locales, malgré des entraves de toute nature (fig. 107). Tout fut terminé le 4 décembre, et le même jour les premiers appels de la Guadeloupe furent perçus à la Martinique ; la communication fut aussitôt établie.

Afin de permettre de remplacer le personnel venu de France pour l'installation, on désigna un officier et trois hommes de troupe dans chacune des colonies, pour suivre les travaux d'installation et apprendre le maniement des appareils.

On décida tout d'abord de ne transmettre par la nou-

velle voie que les télégrammes officiels, en attendant
d'être fixé sur le fonctionnement de la télégraphie sans
fil sous les tropiques dans les différentes saisons, et sur
les facilités de conservation et d'entretien des divers appareils et machines, pour assurer également, le cas échéant,
le service des télégrammes privés.

L'établissement de cette communication, assuré avec

Fig. 107.

une énergie de 150 à 200 watts, et en faisant usage d'antennes de moins de 55 m, ne présenta aucune difficulté
technique; mais on constata, en revanche, que l'entretien des accumulateurs et des groupes électrogènes pré-
sentait de sérieuses difficultés sous les climats tropicaux
humides.

On remarqua également que les petites éruptions de
cendres qui ont eu lieu depuis l'installation des stations,

n'apportaient aucun trouble notable dans le service ; le
nombre des orages a été également très faible. En revanche, les communications ne peuvent être échangées
pendant la nuit ; du coucher au lever du soleil, les récepteurs enregistrent une infinité de signaux parasites qui
rendent à peu près impossible la lecture des bandes
Morse. Toutefois, il serait facile de se débarrasser de ces
signaux parasites qui ont peu d'énergie, en diminuant la
sensibilité des appareils et en employant une énergie
double ou triple à la transmission. Cette amélioration
sera réalisée prochainement.

Ces signaux parasites se produisent quel que soit le
temps ; il est difficile d'en donner une explication satisfaisante.

La télégraphie sans fil a pu assurer, depuis son installation jusqu'à ce jour, le service télégraphique officiel
et d'intérêt général (cours de bourse, service de naviga-
tion, etc.) d'une manière complète. De plus, depuis le
mois d'avril 1903, les deux postes sont ouverts aux télégrammes privés.

Le service n'a eu qu'un seul arrêt notable, sans compter les interruptions d'une durée de vingt-quatre heures
au plus dues à des orages violents. Cet arrêt a été occa-
sionné par le cyclone du 9 août 1903, qui a cassé le mât
et renversé les baraques du poste de la Martinique. Mais,
grâce à l'habileté et à l'énergie remarquables du chef de
poste (lieutenant Mounier), la communication a été ré-
tablie neuf jours après, avec un mât de 30 m de hauteur
seulement.

CHAPITRE XIII

EXPÉRIENCES DE M. MARCONI A TRÈS GRANDE DISTANCE

Vers la fin de 1901, M. Marconi fit de premières tentatives pour établir une communication entre l'Angleterre et l'Amérique. Il installa dans ce but une station très puissante à Poldhu (Cornouailles) et chercha à recevoir les signaux à Terre-Neuve, au moyen d'une très haute antenne soutenue par un ballon. Mais il ne put recevoir que de rares signaux, et la possibilité d'établir une pareille communication ne fut pas démontrée.

M. Marconi augmenta alors la puissance de sa station de Poldhu et en construisit une semblable au cap Cod (Massachusetts). Chacune d'elles fut constituée de la manière suivante.

Antenne. — L'antenne (fig. 108) a la forme d'une pyramide renversée, à base carrée, dont les faces sont formées d'un grand nombre de fils métalliques réunis ensemble au sommet de la pyramide et à 4 conducteurs horizontaux disposés suivant les arêtes de la base. Celle-ci a 60 m de côté et ses sommets sont soutenus par des pylônes en bois de 70 m de hauteur. Les fils métalliques réunis pénètrent dans un bâtiment où sont disposés les appareils.

Transmission. — La transmission emploie une énergie considérable, 100 chevaux, c'est-à-dire 70 000 watts environ, au lieu de 150 à 200 watts, comme dans les expériences précédentes. Elle est faite d'après le nouveau montage indiqué page 110.

Pour éviter la mise rapide hors de service des transfor-

mateurs industriels, ainsi que cela arrive d'ordinaire quand
on les emploie à faire de la haute fréquence, M. Marconi
en a étudié un modèle spécial, à faible coefficient (10).
Le courant produit par les alternateurs est à une tension
de 2 000 volts que le transformateur élève à 20 000.

Fig. 108.

L'antenne est portée, pendant la transmission, à une
tension telle, qu'on peut en tirer des étincelles de 0,30 m.

Les transformateurs Tesla sont constitués par un primaire de 10 spires de gros câble, en quantité, enroulées
sur un cadre en bois de 0,80 m de côté, et par un secon-

daire de 10 spires semblables, en série, placées au-dessus des spires du primaire.

Les condensateurs sont formés de lames de verre, sur lesquelles sont collées des feuilles d'étain de 0,30 m de côté. Ces lames sont groupées dans des bacs pleins d'huile, réunis eux-mêmes par groupes de deux en cascade. La capacité de chacun des condensateurs K_1, K_2, peut varier de 1/30 à 2/3 de microfarad.

L'emploi d'un pareil montage présente certainement de grandes difficultés matérielles et des dangers sérieux pour les opérateurs.

Réception. — M. Marconi a abandonné le cohéreur comme organe essentiel de la réception, et l'a remplacé par le détecteur magnétique décrit page 176.

Expériences du « Carlo-Alberto ». — Après l'installation de l'usine hertzienne de Poldhu, et pendant la cons-

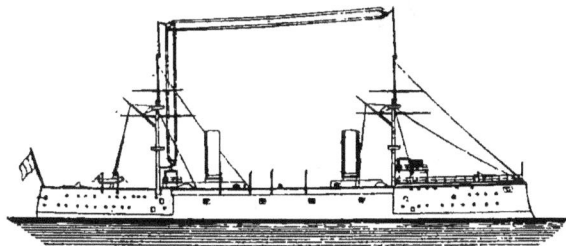

Fig. 109.

truction de celle du cap Cod, M. Marconi fit un essai de la portée de sa station de Poldhu en installant un poste récepteur à bord du cuirassé *Carlo-Alberto* se rendant de Naples à Cronstadt.

Au passage de ce navire en Angleterre, il procéda lui-même à l'installation de ses appareils à bord. L'antenne du navire fut d'abord (fig. 109) constituée par quatre fils verticaux suspendus à l'un des mâts, dont la hauteur

avait été portée à 45 m environ ; à la partie supérieure, ces fils se prolongeaient horizontalement jusqu'au
deuxième mât, le long du maroquin. Cette disposition
avait pour but d'allonger la période propre de l'antenne
de manière à la rapprocher de la période de la transmission, période évidemment très grande.

L'antenne fut par la suite modifiée deux fois et finalement formée (fig. 110) d'une nappe de fils métalliques
compris entre les deux mâts (d'une hauteur de 50 m environ) et réunis à leur partie inférieure.

Les appareils comprenaient un détecteur magnétique
et un récepteur ordinaire avec morse.

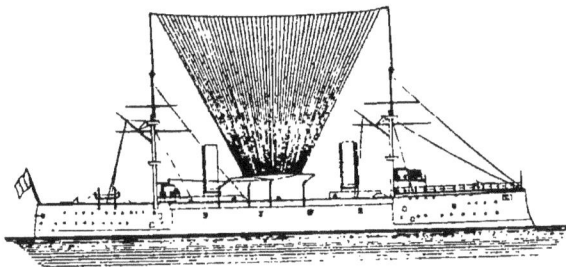

Fig. 110.

Le cuirassé partit de Poole le 6 juillet, se dirigeant sur
Cronstadt en passant par le canal de Kiel. La réception
des télégrammes fut ininterrompue pendant toutes les
heures de nuit fixées pour la communication, durant
toute la traversée. Il en fut de même au retour jusqu'à la
fin du voyage du cuirassé, à la Spezzia, le 9 septembre.
La plus grande distance franchie fut 1 700 km (Cronstadt).
Lorsque le navire était à la Spezzia, la communication se
faisait malgré l'interposition de plus de 1 000 km de terre
ferme (fig. 111).

Le journal d'expériences, rédigé par le lieutenant de
vaisseau Solari, relate les observations suivantes.

Malgré l'effet sélectif partiel du détecteur magnétique,

la réception des télégrammes a été parfois troublée par les phénomènes atmosphériques.

La réception était bien plus facile pendant la nuit que pendant le jour; certains jours elle était même complètement impossible. On attribue ce fait à l'influence de la lumière solaire qui dissipe en partie la charge électrique des antennes.

Ces difficultés de réception paraissent même avoir été plus considérables que ne le dit le journal d'expériences, car une dépêche a dû être transmise pendant 55 heures consécutives. De plus, malgré les affirmations de M. Marconi au sujet de la syntonisation de ses nouveaux appareils, il a été possible à un grand nombre de stations, placées dans le voisinage de Poldhu, de recevoir les dépêches transmises. En particulier, M. Maleskyne a pu suivre toutes les expériences et recevoir tous les télégrammes transmis, au moyen d'une station établie à 50 km de Poldhu, et cela malgré la précaution, un peu enfantine, prise par M. Marconi, d'envoyer simultanément, mais avec une énergie moindre, des signaux quelconques pendant la transmission des télégrammes.

Néanmoins, il est juste de reconnaître que les résultats obtenus étaient remarquables, et de nature à justifier cette assertion émise par le lieutenant de vaisseau Solari qu'il n'existait plus de limites de distance pour la télégraphie sans fil, à la condition d'employer une énergie suffisante pour la transmission.

Expériences à travers l'Atlantique. — Dès que la station américaine fut installée, on annonça que M. Marconi était parvenu à recevoir à Poldhu, vers la fin de décembre 1902, un télégramme adressé au roi Édouard VII par le président Roosevelt. Mais, après un grand nombre de tentatives infructueuses, la réponse du roi d'Angleterre aurait dû être transmise par le câble. M. Marconi attribua cet insuccès à l'insuffisance de puissance de la station

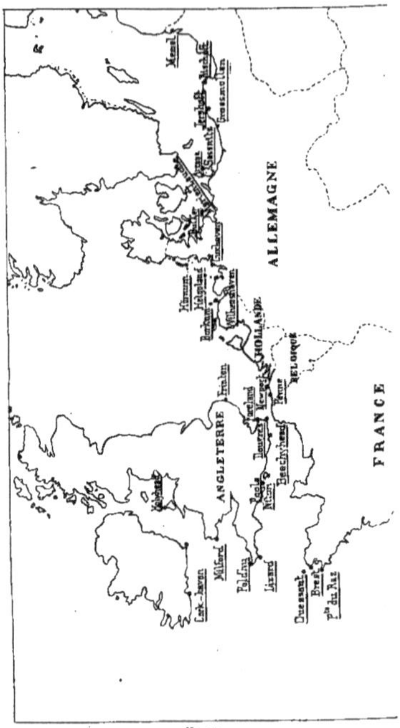

Fig. 111.

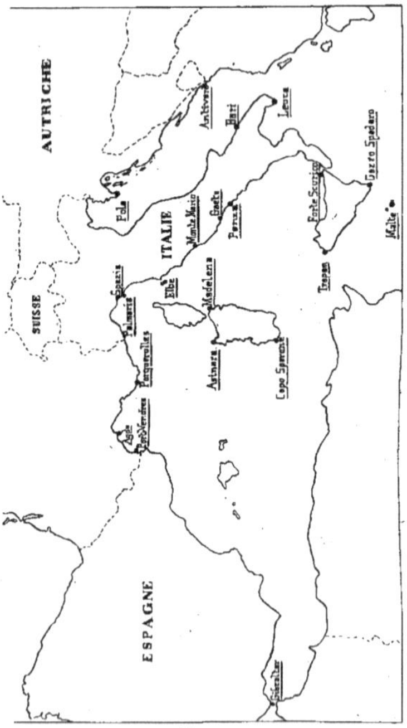

ALLEMAGNE

ANGLETERRE

HOLLANDE

BELGIQUE

FRANCE

AUTRICHE

SUISSE

ITALIE

ESPAGNE

Malte

Fig. 111.

de Poldhu, et il entreprit aussitôt de l'augmenter. Les essais, repris aussitôt après l'exécution de cette transformation, ne paraissent pas encore avoir donné de meilleurs résultats.

Quoi qu'il en soit, il semble acquis qu'un télégramme hertzien est parvenu à franchir l'Atlantique, et ce résultat permet de penser qu'une communication réelle pourrait être établie.

Faut-il croire, par suite, qu'un service commercial pourra être assuré d'une manière suffisamment régulière, de façon à rendre inutile l'emploi des câbles? Cela paraît peu probable, car on doit compter avec les journées d'interruption forcée du service par le mauvais temps : impossibilité de hisser l'antenne les jours de grand vent, danger et difficulté d'opérer les jours d'orage, etc. De plus, le service ne peut être fait, paraît-il, que pendant la nuit. La communication hertzienne à travers l'Atlantique ne pourrait donc être qu'un complément de la télégraphie par câble.

Il semble donc que cette transmission d'énergie, à une distance de plus de 5 000 km, ne peut être que d'un médiocre rendement commercial. Mais, en revanche, elle constitue une merveilleuse expérience scientifique et surtout un moyen militaire puissant. Cette dernière considération serait peut-être de nature à expliquer les sacrifices persistants de la « Wireless Telegraph Marconi's Company » en l'absence de trafic commercial. Il est d'ailleurs intéressant de remarquer que le Parlement italien a voté récemment avec enthousiasme une somme de 800 000 fr. pour la construction d'une station extrapuissante dans les environs de Rome et que l'on a installé, d'après le système Slaby, une station analogue à Oberschoeneweide, près de Berlin.

CONCLUSIONS

———

Les conclusions auxquelles nous étions parvenus dans les précédentes éditions de cet ouvrage ne peuvent pas encore être modifiées et les graves inconvénients de la télégraphie sans fil subsistent toujours. Parmi ces inconvénients se trouvent la nécessité d'établir des supports d'antenne élevés, dès que la distance à franchir devient notable, l'encombrement, la délicatesse des appareils employés, etc. ; mais le plus grave de tous est l'insécurité des communications.

Cette insécurité résulte de deux causes : d'une part, les dépêches peuvent être surprises et, d'autre part, on peut empêcher la réception en envoyant des signaux parasites. Nous avons vu, en effet, que la syntonie parfaite n'étant jamais réalisée, on ne peut éviter que les signaux soient reçus même par des postes non accordés avec la transmission. On pourra donc toujours intercepter les dépêches transmises, à une distance même considérable. A la vérité, l'emploi du langage chiffré diminue cet inconvénient ; on conçoit même la possibilité de le faire disparaître tout à fait, lorsqu'on réussira à produire des oscillations entretenues permettant de réaliser entre le transmetteur et le récepteur un accord semblable à la syntonie acoustique. Mais la deuxième cause d'insécurité n'en subsistera pas moins, car il sera toujours possible d'empêcher la réception en envoyant des oscillations amorties qui, en vertu de la résonance multiple, agiront sur le récepteur.

Du reste, lors même que l'on ne chercherait pas intentionnellement à entraver les communications, il resterait encore les perturbations atmosphériques qui donnent forcément des oscillations amorties et qui agiront encore sur le récepteur. En somme, on ne connaît pas actuellement le moyen de soustraire un récepteur à l'action d'oscillations amorties, de sorte qu'en réalité on peut dire que le véritable ennemi de la télégraphie sans fil, c'est le phénomène de la résonance multiple.

Dans ces conditions, les applications de la télégraphie sans fil ne peuvent qu'être limitées. Mais ces limites existeraient encore, alors même que l'on réussirait à faire disparaître tous les inconvénients énumérés ci-dessus.

Nous avons dit, en parlant de la communication entre l'Europe et l'Amérique, que la télégraphie sans fil ne saurait avoir la prétention de supprimer les câbles, malgré le prix élevé de ces derniers. Cela est vrai surtout pour les grandes distances, car alors la télégraphie sans fil exige l'installation d'usines dont le prix devient comparable à celui des câbles, sans donner pour les communications les garanties que donne la télégraphie par câble. Car, indépendamment des interruptions dues aux intempéries, il ne faut pas oublier que, pour les grandes distances, il est impossible d'employer le cohéreur et, par suite, d'enregistrer les dépêches, qui ne peuvent plus être reçues qu'au son. Cet inconvénient en entraîne un autre qui n'est pas moins grave, c'est l'impossibilité de produire des appels.

La réception au cohéreur semble donc être le système à préférer pour une exploitation réelle. La limite d'action des stations se trouverait par suite réduite à la limite de portée que l'on peut obtenir lorsque l'on fait usage du cohéreur. Nous pensons même qu'il faudra rester de beaucoup au-dessous de cette limite. On ne peut, en effet, pour le moment du moins, songer à établir des stations desservant plusieurs directions à la fois ou plusieurs stations voisines fonctionnant simultanément. Les États et les compagnies concessionnaires, propriétaires des stations, ne tarderaient pas à entrer en contestation pour les troubles qu'ils s'occasionneraient mutuellement dans le service des correspondances.

Il est donc nécessaire de limiter considérablement le nombre des stations et l'étendue de leur zone d'action. C'est vraisemblablement à ces conclusions qu'arrivera le Congrès international de télégraphie sans fil, qui a été déjà réuni une première fois à Berlin en août 1903.

En résumé, la télégraphie sans fil ne peut pas *remplacer* les procédés de communication employés jusqu'à ce jour. Chaque fois que l'on en reconnaîtra la possibilité, il sera toujours préférable d'avoir recours à ces procédés, qui ont pour eux l'avantage de la simplicité.

Néanmoins, dans bien des cas, la télégraphie sans fil sera un *complément* précieux qu'on ne saurait négliger.

Sur mer, elle constitue, le plus souvent, le seul moyen de communication possible, et il est aisé de concevoir des circonstances où il en serait de même à terre, notamment dans les opérations militaires.

TABLE DES MATIÈRES

CHAPITRE XII

CHAPITRE XIII

Nancy, impr. Berger-Levrault et Cie.

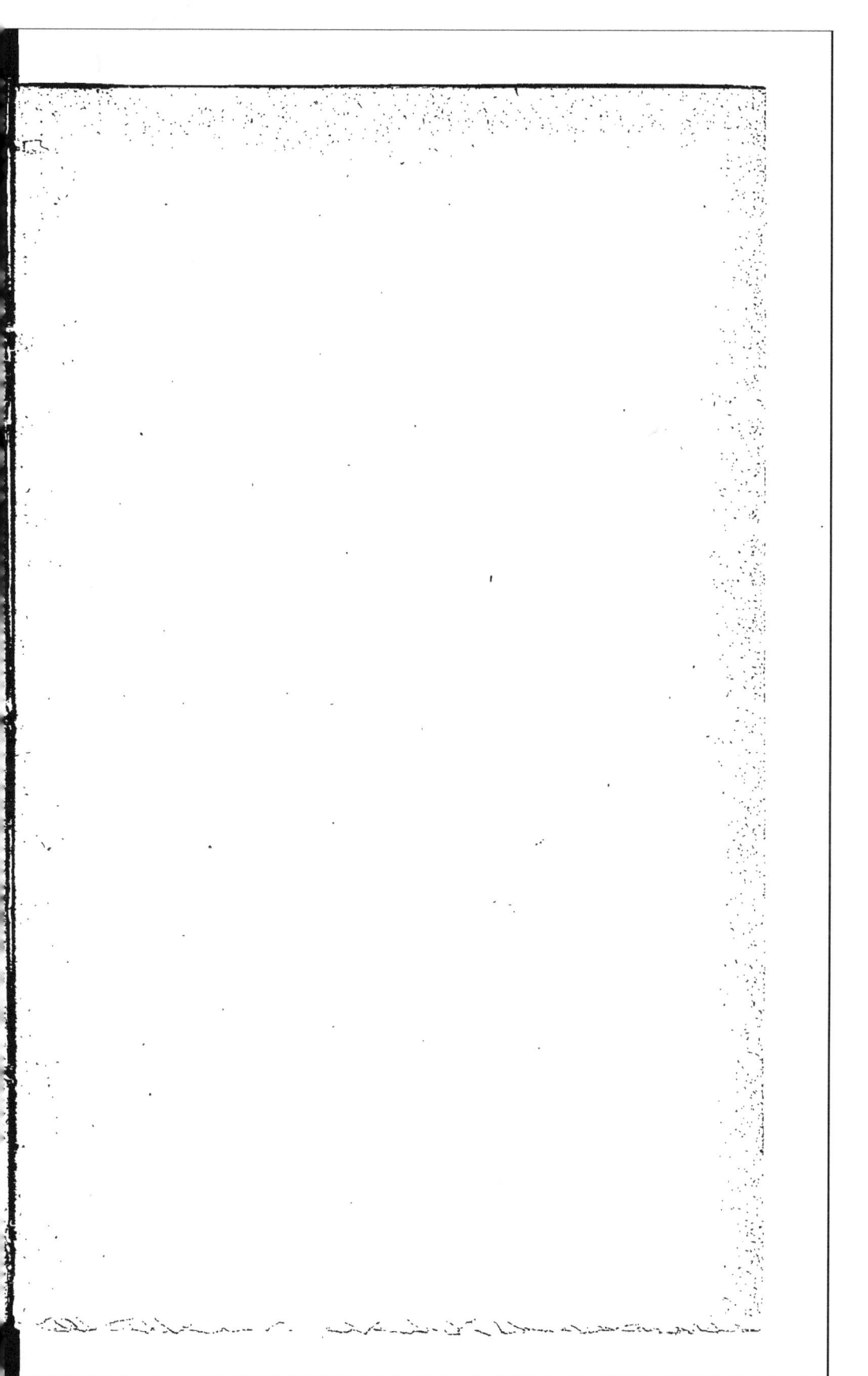

www.ingramcontent.com/pod-product-compliance
Lightning Source LLC
Chambersburg PA
CBHW070550200326
41519CB00012B/2176